Lire aujourd'hui

La Condition humaine d'André Malraux

texte présenté par Robert Bréchon.

COLLECTION DIRIGÉE PAR MAURICE BRUÉZIÈRE, DIRECTEUR DE L'ÉCOLE INTERNATIONALE DE L'ALLIANCE FRANÇAISE DE PARIS.

LIBRAIRIE HACHETTE, 79, BOULEVARD SAINT-GERMAIN, PARIS VIᵉ.

Les références concernant l'ouvrage étudié renvoient au texte de la collection *Folio* (édition 1972).

ISBN : 2.01.001322-0

La vie et l'œuvre

Étapes d'une vie

Par la diversité et l'intensité de ses expériences, la vie d'André Malraux, de la jeunesse à l'âge mûr et même à la vieillesse, apparaît moins comme une « carrière » que comme une aventure. Elle se déroule pourtant, à certains égards, selon une courbe régulière et présente une unité; on devine, dans ses étapes successives, le travail incessant d'une même ambition, le même goût du risque et du jeu, mais aussi la même gravité et la même générosité. Cette vie semble d'ailleurs, après bien des avatars, se retourner sur elle-même, puisque le dernier geste public de Malraux proposant, à près de soixante-dix ans, de prendre le commandement d'une unité bengali contre l'armée pakistanaise, rejoint d'une manière exemplaire les grandes entreprises de sa jeunesse et de son âge mûr.

Dès l'adolescence, il semble avoir conçu

> un type de héros en qui s'unissent l'aptitude à l'action, la culture et la lucidité

et il a cherché à le réaliser en lui-même, d'abord à travers des aventures un peu désordonnées, puis dans une action politique plus cohérente, plus tard dans l'exercice du pouvoir. Dans ses divers engagements et ses fidélités successives il faut sans doute voir un effort constant pour

donner un sens à sa vie, comme il le dit à propos de Kyo Gisors. Mais il ne faut pas oublier que Malraux, dès le début, s'est voulu écrivain et que c'est probablement en fin de compte la création littéraire qui lui a permis de se réaliser le plus complètement : il n'est pas vraiment, comme on le pense parfois, un homme d'action qui a consigné ses impressions et ses expériences dans ses livres, mais bien un écrivain qui a recherché dans l'action un moyen de confronter ses idées et ses rêves à la réalité. **Un Stendhal réussi**, a-t-on dit ; à cette différence près que l'ambition de Malraux est d'un autre ordre que celle de Stendhal ; elle est d'ordre spirituel, au sens le plus général du terme.

Une jeunesse désenchantée (1901-1923)

André Malraux appartient, comme Gaston Bonheur l'a fait remarquer, à la génération du **Diable au corps**, celle de Radiguet, élevée pendant la première guerre mondiale. Il est contemporain de la **génération perdue**, celle de Fitzgerald et d'Hemingway. Ce qu'il y a en eux de fiévreux et d'inquiet est encore accentué chez le jeune Malraux par sa condition d'enfant de divorcés, son intelligence précoce, sa formation un peu désordonnée.

Il existe peu de documents sur sa jeunesse et lui-même n'en parle guère. Né à Paris le 3 novembre 1901, d'une famille d'armateurs de Dunkerque ruinée par un naufrage et sur laquelle semble peser une fatalité, il fait une partie de sa scolarité dans un lycée parisien, mais il ne poursuit pas ses études et, dès l'âge de dix-huit ans, mène une vie indépendante. Il s'occupe d'édition d'art, fréquente des artistes et des écrivains, comme Max Jacob, et commence à écrire, dans un registre fantaisiste qui n'annonce en rien le ton de l'œuvre à venir. A dix-neuf ans, il épouse une jeune juive allemande, Clara, avec qui il fait de nombreux voyages. Un peu dandy, un peu anarchiste, désenchanté, il joue à la bourse. Ruiné, il forme le projet d'une expédition en Extrême-Orient. C'est le voyage qui va dans une large mesure le révéler à lui-même.

L'aventure orientale et ses suites (1923-1934)

Malraux avait déjà une bonne connaissance de l'art d'Extrême-Orient, et en particulier de l'art khmer. Son projet était de retrouver des temples abandonnés dans la
forêt cambodgienne et d'y enlever des statues pour les
vendre aux États-Unis. André et Clara Malraux s'embar-
quent pour Hanoï, d'où ils vont à Saïgon, puis à Pnom
Penh. L'expédition réussit d'abord, mais elle se termine
par un procès. Malraux, accusé d'avoir volé des œuvres d'art
khmer, est condamné, mais il se pourvoit en appel, puis en
cassation. Entre-temps, après un séjour en France, il
retourne en Indochine pour y participer à l'action du mouvement révolutionnaire *Jeune Annam*, qui est en liaison
avec le *Kuomintang* chinois. Il semble qu'il ait fait, à ce
moment-là, un voyage en Chine, alors ravagée par la
guerre civile. Il est difficile d'apprécier l'importance et
même la nature du rôle qu'il a pu jouer dans tous ces événements. Quoi qu'il en soit, ce séjour en Asie du Sud-Est
est déterminant pour son évolution personnelle. La révélation de la culture orientale lui confirme, par contraste, la
crise des valeurs spirituelles et morales de l'Occident, fon-
dées sur l'individualisme, et lui inspire un essai, *La Tentation de l'Occident* (1926). Mais surtout il découvre l'action
politique, qui l'exalte et donne à sa vie une dimension
insoupçonnée. De ses diverses expériences indochinoises et
chinoises, il tire la matière de ses trois premiers romans :
Les Conquérants (1928), *La Voie royale* (1930), puis, après
un temps de gestation plus long, *La Condition humaine*
(1933) qui obtient le prix Goncourt et fait de son auteur,
à trente-deux ans, l'un des écrivains français les plus célé-
bres. Sa vie privée n'est pas exempte de drames. Il se sépare
de sa femme; quelques années plus tôt, son père, ruiné,
s'est suicidé.
En 1934, Malraux accomplit un raid aérien en Arabie, en
compagnie de l'aviateur Corniglion-Molinier, pour retrouver l'emplacement de l'antique capitale de la reine de Saba.
(Il a raconté cette expédition dans ses *Antimémoires*.) C'est
la dernière de ses grandes aventures de style romanesque.

Sans doute va-t-il bientôt s'engager encore plus dangereu-
sement, à la manière d'un Byron ou d'un T.-E. Lawrence
(qui le fascine et à qui on l'a comparé). Mais il le fera, semble-t-il, dans un tout autre esprit, non plus gratuitement
mais pour servir une cause.

La lutte antifasciste (1934-1939)

Dès la prise du pouvoir par Hitler en Allemagne, Malraux
s'est engagé résolument dans l'action antifasciste. Il fait
plusieurs voyages à Moscou. Il publie *Le Temps du Mépris*
(1935), où se marque pour la première fois son adhésion
à l'idéologie communiste; ce récit, qui évoque les prisons
et les camps nazis, apparaîtra rétrospectivement, dix ans
plus tard, comme un ouvrage prophétique.

Quand la guerre d'Espagne éclate en 1936, Malraux
s'engage dans l'armée républicaine. Il y organise une esca-
drille internationale, dont il prend le commandement,
bien qu'il ne soit pas lui-même pilote d'avion. En 1937,
chargé par le gouvernement républicain espagnol d'une
mission de propagande, il fait une tournée de conférences
aux États-Unis et au Canada pour recueillir des fonds. Il
rédige et publie *L'Espoir* (1937); puis, de retour en Espagne,
en pleine guerre, il tourne avec le cinéaste Denis Marion
un film inspiré de certains épisodes du roman. Achevé en
1939, ce film ne sera présenté au public qu'après la guerre.

La guerre et la résistance (1939-1945)

L'Espoir est le dernier livre révolutionnaire de Malraux.
La guerre va marquer un tournant dans son évolution idéologique. Mobilisé en 1939 dans un régiment de blindés,
fait prisonnier en juin 1940, évadé, il se réfugie sur la Côte
d'Azur et écrit *Les Noyers de l'Altenburg* (1943). La suite de
cet ouvrage, dont le titre général était *La Lutte avec l'Ange*,
a été détruite.

A partir de 1943, Malraux participe à la résistance contre
l'occupation allemande; il organise et commande un
maquis dans le Périgord. Devenu le Colonel Berger,

il entreprend d'unifier la résistance dans tout le Sud-Ouest. Pris par les Allemands, interrogé (il a raconté la scène dans les *Antimémoires*), il est sauvé par la libération en août 1944. Avec les Alsaciens et les Lorrains des maquis, il forme la brigade *Alsace-Lorraine* qui, sous son commandement, fait campagne avec la première Armée française pendant l'hiver 1944-1945 et libère l'Alsace.

Cette période est assombrie par plusieurs deuils. La compagne avec qui il vivait depuis dix ans et qui lui avait donné deux fils meurt accidentellement en 1944. Ses deux frères sont tués. Il épousera sa belle-sœur après la guerre.

Politique et esthétique (1945-1972)

En 1945, Malraux rend visite au général de Gaulle, et les deux hommes font l'un sur l'autre une profonde impression. Cette rencontre survient à un moment où l'évolution personnelle de l'ancien révolutionnaire, précipitée par la découverte des excès du stalinisme et par la déception du pacte germano-soviétique, l'a conduit à l'anticommunisme militant. Persuadé que les valeurs incarnées dans les héros révolutionnaires de ses romans sont aujourd'hui défendues par les nations *libres* d'Occident contre le *socialisme*, converti aux valeurs de la nation, de l'ordre et de la tradition, il liera désormais sa vie publique au gaullisme, et sa fidélité ne se démentira pas. Ministre de l'Information en 1945, puis, aussitôt après la démission du général de Gaulle, responsable de la propagande du R. P. F. (parti gaulliste), il devient, après le retour du général de Gaulle au pouvoir en 1958, ministre d'État chargé des Affaires culturelles.

Entre-temps, pendant la période où de Gaulle a été écarté du gouvernement, il a continué à écrire, mais il semble avoir définitivement abandonné le genre romanesque. Dans la *Psychologie de l'Art* (1948-1950), puis dans une nouvelle version du même ouvrage, *Les Voix du Silence* (1951), dans le *Musée imaginaire de la Sculpture mondiale* (1953-1955), *La Métamorphose des Dieux* (1957) et *Le Triangle noir* (1970), il continue à méditer sur l'homme et sur les valeurs qui orientent sa vie, mais par la médiation des œuvres d'art, non plus des personnages et des événements. Ces volumineux essais de philosophie de l'art, abondamment illustrés et luxueusement édités, ont été de grands succès de librairie.

Quant au ministre André Malraux, il a mené à bien un certain nombre de réalisations spectaculaires : réforme des théâtres nationaux, transformation des musées, organisation d'expositions de prestige en France et à l'étranger et surtout restauration des monuments anciens. Mais son rôle au sein du gouvernement ne s'est pas borné au domaine culturel et il a été chargé de missions politiques importantes. En juillet 1965, il est allé en Chine, où il a eu des conversations avec le Président Mao-Tsé-toung et avec M. Chou-en-Lai.

Depuis le retrait, puis la mort du général de Gaulle, Malraux se consacre à la rédaction de ses mémoires, dont il a publié un premier volume sous le titre provocant d'*Antimémoires* (1967), puis un second, consacré à de Gaulle, *Les Chênes qu'on abat* (1971). Il a publié aussi, sous le titre d'*Oraisons funèbres* (1971), un recueil de ses plus importants discours, prononcés dans des occasions exceptionnelles (obsèques de Braque et de Le Corbusier, commémoration de la mort de Jeanne d'Arc, etc.).

Toute cette dernière période de sa vie a été, elle aussi, jalonnée d'événements tragiques : mort de ses deux fils dans un accident de voiture, attentat organisé contre lui par l'O. A. S., qui blesse gravement une petite fille; enfin, mort de Louise de Vilmorin, amie d'autrefois qu'il avait retrouvée et avec qui il formait un couple qu'on a comparé à celui de Mme Récamier et Chateaubriand. Telle est cette biographie exceptionnelle, à la mesure du personnage dont André Gide, qu'il fascinait, disait :

Chaque fois qu'il ouvre la bouche, le génie parle.

Regards sur l'œuvre

Situation de Malraux

La date à laquelle paraît le premier roman de Malraux (1933) est à la charnière de deux périodes de l'histoire de la littérature française moderne bien différentes. Après des générations d'écrivains heureux, ou du moins dont l'œuvre exprimait une recherche du bonheur par la sensation (la génération de la *belle époque* avant la première guerre mondiale, puis, aussitôt après, celle de la *démobilisation*), il inaugure, à peu près en même temps que Céline et Bernanos, plusieurs années avant Sartre et Camus, une littérature marquée par le sens du *tragique*.

Au roman de la *destinée personnelle*, qui a dominé la littérature depuis Stendhal et Flaubert jusqu'à Proust et Martin du Gard, succède le roman de la *condition humaine*, et le choix de ce titre est tout à fait significatif. Alors que le roman traditionnel restait centré sur la psychologie des individus, les relations familiales et la vie privée, les romanciers de la génération de Malraux s'intéressent désormais à l'histoire et aux grandes aventures collectives de notre temps. Ils sont moins attentifs aux *petits faits vrais*, qui définissaient le roman réaliste ou naturaliste, qu'aux idées générales; ils se soucient moins de *faire concurrence à l'état-civil* que de s'interroger sur ce qu'est l'homme, sur ce qu'il peut, sur ce qu'il fait, sur ce qu'il cache. Un critique étranger dit qu'il s'agit d'un *roman-problème*, qui propose des questions sans apporter les solutions. Enfin, avec la génération de Malraux apparaît une littérature romanesque non plus d'observation ou de fiction, mais de *témoignage*. Il est avec Aragon l'un des premiers écrivains *engagés*; il est le témoin de l'aventure politique, comme Saint-Exupéry est celui de l'aventure technologique du XXᵉ siècle.

Mais si, par ses thèmes et dans une certaine mesure par sa technique, Malraux est un initiateur, en revanche, par le style général de son œuvre (comme par celui de sa vie),

par le mélange d'imagination épique et d'effusion lyrique,
par l'ampleur, le rythme, le ton soutenu, parfois empha-
tique, de sa prose (radicalement différente de celle du
roman *existentialiste* ou du *nouveau roman*), il se rattache à une grande tradition, celle de Chateaubriand
et du romantisme. Il se situe aussi, comme Saint-Exupéry
et dans une certaine mesure Camus, avec qui il forme
une sorte de trinité, dans la tradition de la littérature
héroïque et chevaleresque qui a toujours en France, de
Corneille à Vauvenargues, Vigny, Barrès et Montherlant,
fait contrepoids à celle de la littérature ironique et sceptique. On trouve dans l'œuvre de Malraux une grande
richesse de sentiments humains : amour et haine, violence
et tendresse, courage et peur, orgueil et modestie, joie et
tristesse, etc. Mais l'humour en est souvent absent.

Évolution de l'œuvre

Comme il est naturel chez un auteur aussi passionnément
attentif à son époque et aussi personnellement engagé
dans tout ce qu'il écrit, les changements d'orientation,
les conversions successives, qui jalonnent la biographie,
se retrouvent dans l'évolution de l'œuvre. Elle se répartit,
à la fois chronologiquement et logiquement, en quatre
massifs d'inégale importance : les essais de jeunesse, le
cycle extrême-oriental, les romans de la révolution et de
la guerre, enfin les ouvrages sur l'art (les *Mémoires*),
quand ils seront achevés, constitueront un cinquième
ensemble).
Cette évolution ne porte pas seulement sur les sujets
et les thèmes, c'est-à-dire sur le message de l'auteur,
mais aussi sur les formes littéraires qui l'expriment : le
passage d'un genre à l'autre, du conte ou de l'essai au
roman, du *roman-récit* (comme *La Voie royale*) au *roman-
problème* (comme *L'Espoir* ou *Les Noyers de l'Altenburg*),
du roman au traité, correspond à une série de changements de perspective dans les rapports de l'auteur avec
le monde.

Les titres des premiers textes, *Lunes en papier, Royaume farfelu,* si différents de ceux des livres suivants, en indiquent bien le ton et l'esprit : Malraux part de la fantaisie, de la légèreté, de la frivolité d'une culture raffinée et inquiète, déjà hantée par le sentiment de la mort.

La Tentation de l'Occident est à la fois le dernier des ouvrages de jeunesse et le premier du cycle asiatique. Il se présente sous la forme d'un échange de lettres entre un Français résidant en Chine et un jeune intellectuel chinois qui voyage en France. Confrontant les deux cultures, Malraux décrit et dénonce ce que Spengler a appelé **le déclin de l'Occident.** Ce qui a fait la grandeur de la culture occidentale, grecque et chrétienne, c'est le sens aigu qu'a l'homme d'être distinct du monde et mortel, alors que l'Oriental se sent relié au tout et d'une certaine manière (par la réincarnation) immortel.

Mais l'Occidental a perdu le sens de cet individualisme et des valeurs qui y sont liées, si bien que le monde lui semble absurde. Au cri de Nietzsche, **Dieu est mort,** Malraux non seulement fait écho, mais il ajoute : **L'homme est mort après Dieu... Dieu mort, l'homme ne trouve que la mort.**

On voit donc quel est le véritable point de départ de la réflexion de Malraux : c'est le nihilisme. Il exprime le drame de l'homme occidental moderne, dont le désir de transcendance et de sacré ne peut plus être comblé dans un monde dont il a perdu la clef. Toute la suite de son œuvre va être une série de tentatives pour dépasser ce nihilisme et rechercher des valeurs capables de donner à la vie un fondement et un sens. Il les trouvera d'abord dans l'action, puis dans l'histoire et dans l'engagement, plus tard dans la culture et plus particulièrement dans les arts plastiques. Parallèlement à cette évolution, après avoir subi lui-même la tentation de l'Orient (qu'incarne encore, dans *La Condition humaine,* le personnage de Gisors), il se réconciliera avec l'Europe, gardienne des valeurs essentielles; mais en même temps, par le recours

à la notion de *musée imaginaire*, il proposera l'intégra-
tion à la culture occidentale de toutes les richesses de
la culture orientale et, plus généralement, de la culture
universelle.

Mais toutes ces solutions ne se valent pas, et il est inté-
ressant de constater qu'elles commandent des formes littéraires différentes. Selon le sociologue Lucien Goldmann,
la partie proprement romanesque de l'œuvre de Malraux
correspond à la période pendant laquelle il a cru pouvoir
sauvegarder l'existence de certaines valeurs authentiques.
Le jour où l'idéologie qui sous-tendait ces premiers
ouvrages se défait, il renonce à inventer un univers et des
personnages où elle s'incarne et il entreprend une œuvre
nouvelle, qui n'est plus de fiction mais d'explication. Il
passe du récit héroïque et révolutionnaire à une méditation sur les formes et sur les êtres. On saisit la transition
dans *Les Noyers de l'Altenburg* livre qui, pour cette raison,
est, sinon le chef-d'œuvre de Malraux, du moins peut-être
son œuvre la plus significative (*La Condition humaine* a plus
d'équilibre et de puissance).

Le cycle asiatique

Les romans inspirés à Malraux par ses expériences
d'Extrême-Orient marquent les premières étapes de sa
quête. Il y crée un type de héros à la fois inquiet et éner-
gique, révolté et ambitieux, avide de puissance ou d'efficacité, dont les exploits se déroulent dans un climat de
violence. Mais on voit, d'un roman à l'autre, l'entreprise
de ce héros changer de nature et la qualité de son ambition s'élever.

Les héros de *La Voie Royale* (roman publié après *Les Conquérants,* mais d'une conception probablement antérieure),
l'aventurier finissant Perken et son compagnon, le jeune
archéologue Claude Vannec, recherchent l'action pour
elle-même, parce qu'elle est un moyen de lutter contre
leur fatalité et de construire leur destin personnel, non
pour changer le monde objectivement. Leur entreprise,

vouée à l'échec, consiste à retrouver les temples enfouis dans la forêt cambodgienne, le long de l'ancienne route royale khmère. L'intérêt du livre tient surtout au personnage de Perken. Obsédé par l'idée de la mort, qui fonde son sentiment tragique de la vie, il a besoin, pour se sentir exister, de lutter, de dominer, de créer ou de détruire. Un des moyens de cette quête de soi-même est l'amour charnel : nulle part dans l'œuvre de Malraux n'apparaît plus nettement la fascination de l'érotisme (il n'est pas inutile de savoir qu'il consacrera quelques années plus tard des études à D.-H. Lawrence et à Laclos). Mais Perken ne réussit pas à s'accomplir.

L'autre roman, *Les Conquérants,* décrit une entreprise d'un caractère différent, qui manifeste pour la première fois l'intérêt de Malraux pour la politique et pour l'histoire contemporaine : le déclenchement de la révolution chinoise en 1925. Mais surtout les héros sont plus différenciés. A côté de Garine, le « conquérant », apparaissent des hommes d'action d'un tout autre style : pour le terroriste Hong, qui préfigure le Tchen de *La Condition humaine,* le meurtre est une recherche de l'absolu; pour le fonctionnaire communiste Borodine, c'est la révolution qui est un absolu. Garine, lui, est comme Perken un individualiste ambitieux, sans illusion et sans scrupule, qui veut se réaliser par l'action; un joueur, qui risque sa vie pour lui donner une signification. Mais son ambition est plus haute que celle de Perken : il a compris que, pour donner plus de poids et de sens à son aventure personnelle, il devait la lier à une grande aventure collective. Il se met donc au service de la révolution avec une intransigeance qui rappelle Saint-Just (sur qui Malraux écrira plus tard un essai). Mais s'il choisit cet engagement, ce n'est pas seulement parce qu'il lui permet de s'accomplir, c'est aussi qu'il va dans le sens de l'humain. Finalement Garine, gravement malade, devra quitter la Chine et il se détachera de la cause qu'il servait. Du moins, cette cause est victorieuse : pour la première fois chez Malraux apparaît une note d'espoir. Et Garine, pendant son passage chez les révolutionnaires, aura découvert la fraternité, qui va être un des thèmes dominants des romans suivants. On peut voir dans *Les Conquérants* une première esquisse de *La Condition humaine*. Mais ce dernier roman introduit dans l'univers de Malraux une dimension nouvelle : en un sens, le héros de *La Condition humaine* n'est plus un individu, mais un personnage collectif, la communauté révolutionnaire de Shangaï.

Le cycle européen

Dans les livres suivants, Malraux s'éloigne de plus en plus de la forme romanesque traditionnelle. Il renonce définitivement aux procédés qui, dans l'esthétique réaliste, tendent à suggérer l'épaisseur de la réalité et à présenter une *tranche de vie*. Le récit devient discontinu et elliptique, les personnages sont peu caractérisés, l'univers romanesque perd de sa complexité. C'est que l'individu et son milieu comptent moins pour Malraux que la **fraternité virile** elle-même, retrouvée grâce à l'action révolutionnaire. Ce qu'il cherche à recréer c'est, au-delà du roman, l'univers pur et un peu abstrait de la tragédie.

Dans *Le Temps du Mépris* il n'y a plus, comme l'auteur lui-même l'a écrit, que deux personnages : **le héros et son sens de la vie**. Ce court récit exalte, parfois sur un ton lyrique, l'héroïsme et la fraternité des militants communistes allemands sous Hitler. Dans la cellule où il est enfermé et torturé, Kassner échappe à la solitude, au désespoir, à la folie, grâce à la conscience des liens qui l'unissent à ses camarades. Il retrouvera finalement sa femme, Anna, qui partage sa foi, et ils éprouveront un intense bonheur, **un des instants qui font croire aux hommes qu'un Dieu vient de naître**.

Dans *L'Espoir,* qui raconte un certain nombre d'épisodes de la guerre d'Espagne, la construction romanesque est sans cesse brisée et le récit ne réussit pas à se constituer (à cet égard *Pour qui sonne le glas,* d'Ernest Hemingway, qui est loin d'avoir la même profondeur que le livre de Malraux, a un pouvoir d'évocation bien supérieur). Le livre est fait, comme un film, d'une multitude de brèves

séquences et de dialogues qui servent moins à faire avancer l'action ou à dessiner des caractères qu'à exprimer des
réflexions générales. *L'Espoir* pose les problèmes de l'action
révolutionnaire : l'idéal et le réel, la fin et les moyens, la
fraternité et la discipline, etc. Il décrit le passage nécessaire,
pour les chefs républicains, de la sentimentalité révolutionnaire à l'efficacité, de *l'illusion lyrique* à *l'organisation*. Cette transformation est incarnée dans le personnage de Manuel, jeune intellectuel plein de générosité qui
deviendra, par la force des choses, un chef impitoyable;
autour de lui, d'autres combattants personnifient des
attitudes politiques ou morales : les catholiques Ximénès
et Hernandez, l'anarchiste Puig, le socialiste Magnin, enfin
le communiste Garcia. C'est dans sa bouche qu'on trouve
une des répliques les plus célèbres de Malraux, qui définit
son éthique. A la question : **Qu'est-ce qu'un homme peut
faire de mieux de sa vie?** il répond : **Transformer en conscience une expérience aussi large que possible.**

Comme on le voit, *L'Espoir* est un roman d'idées, qui
aboutit finalement à une interrogation sur l'homme en
général. Vers la fin du livre, un personnage réfléchit à la
notion de l'homme. C'est à élucider cette notion que Malraux va se consacrer dans *Les Noyers de l'Altenburg,* où la
part des idées est encore plus grande. Mais il le fait dans
une perspective idéologique toute différente.

Le roman s'ouvre sur une évocation saisissante des milliers
de soldats français prisonniers en juin 1940 et enfermés
dans la cathédrale de Chartres. Le narrateur y observe
l'homme rendu à sa condition première et il pense à son
père, Vincent Berger, lui aussi ancien **conquérant** devenu
humaniste, qui a fait une expérience semblable. Un *flash-
back* nous ramène alors plus de vingt-cinq ans en arrière,
avant la guerre de 1914, et nous assistons à un certain
nombre d'épisodes de la vie de Vincent Berger. La dernière scène nous transporte de nouveau en juin 1940 et le
roman se termine par l'évocation d'un matin paisible, en
pleine guerre, et de la vie qui reprend ses droits et
triomphe sans cesse.

Cette perpétuelle métamorphose, cette vie éternelle de la nature, est symbolisée par les noyers que Vincent contemple à l'Altenburg, en Alsace, où il participe à un colloque organisé par son oncle Walter Berger sur le thème : **Existe-t-il une donnée sur quoi puisse se fonder la notion d'homme?** Cette discussion est le moment le plus significatif du récit. L'intervention la plus remarquée est celle de l'ethnologue Möllberg. Il démontre qu'il n'y a pas d'**homme fondamental** et que chaque culture se définit par une structure mentale particulière, la nôtre étant le sens historique, c'est-à-dire la conscience que nous avons d'être situés dans le temps.

Au cours de la discussion apparaît une idée qui domine toute la fin du colloque et qui va désormais orienter l'œuvre de Malraux : c'est par la création artistique que l'homme peut à la fois assumer et dépasser sa condition, refaire le monde et vaincre le destin.

> Le plus grand mystère n'est pas que nous soyons jetés au hasard entre la profusion de la matière et celle des astres; c'est que, dans cette prison, nous tirions de nous-mêmes des images assez puissantes pour nier notre néant.

Le musée imaginaire

L'ensemble des ouvrages que Malraux a consacrés à l'étude des chefs-d'œuvre de la peinture et de la sculpture dépasse en volume son œuvre romanesque. Il faut d'ailleurs y distinguer ce qu'il appelle lui-même les **essais** et les **travaux**. Ceux-ci (par exemple *Le Musée imaginaire de la Sculpture mondiale*) sont des ouvrages de documentation et d'érudition dont il n'est que le maître d'œuvre et dont l'illustration constitue la partie essentielle. Au contraire les essais (*Les Voix du Silence*, *La Métamorphose des Dieux*), par la volonté de démonstration qui s'y manifeste, sont de véritables traités de philosophie de l'art, où l'image est au service du texte.

La valeur de ces ouvrages, au point de vue philosophique, historique et esthétique, a été fortement contestée[1]. Ils représentent pourtant un effort à peu près unique pour penser les problèmes de la création artistique dans une perspective nouvelle, en englobant dans une vision synthétique les œuvres d'art de tous les temps et de tous les pays. En ce sens, ils répondent à un besoin de synthèse qui caractérise notre époque : les extrapolations hardies et les formules fulgurantes de Malraux, que les spécialistes lui reprochent parfois, rappellent, dans un autre ordre d'idées, celles de Toynbee, de Teilhard de Chardin ou d'Élie Faure.

Son idée du **musée imaginaire**, radicalement neuve, est déjà, en vingt ans, devenue banale : le prodigieux développement des procédés de reproduction des images nous permet de connaître les œuvres de toutes les cultures et de les intégrer à notre culture. Nous recueillons ainsi l'héritage de toute l'histoire du monde. Mais notre structure mentale modifie totalement le sens des œuvres d'art du passé : leur caractère sacré nous échappe; elles nous apparaissent avant tout comme les manifestations de la créativité de l'homme. Malraux montre que l'art remplit une double fonction : il permet à l'homme de se libérer (il est un **antidestin**) et de s'unir au monde (il est le plus vieil effort qu'ait poursuivi l'humanité pour donner un sens à l'univers).

Les Antimémoires

L'œuvre de Malraux, dit Gaëtan Picon, n'est que la somme de ses souvenirs et de ses rencontres... Il n'a pas cessé d'écrire ses Mémoires; il semble qu'il n'ait pas d'autre sujet que sa propre vie. Ce jugement paradoxal est juste et profond : Malraux n'écrit que sur ce qu'il a vécu. Il est dans la logique de son évolution qu'il ait fini, au soir de

1 Cf. Georges Duthuit, *Le Musée inimaginable.*

sa vie, par écrire ses mémoires, comme Chateaubriand.
Et pourtant, ce livre est tout différent de ceux qui portent
habituellement ce titre. Il ne contient ni portraits ni anec-
dotes. Ce qui m'intéresse dans un homme quelconque, dit
l'auteur, c'est la condition humaine; dans un grand homme...
quelques traits, qui expriment moins un caractère individuel,
qu'une relation particulière avec le monde. Il dit aussi :
J'appelle ce livre *Antimémoires*, parce qu'il répond à une question que les Mémoires ne posent pas et ne répond pas à
celles qu'ils posent. Il ne s'agit donc ni d'un témoignage
ni d'une confession, mais d'un réflexion, à l'occasion des
événements qu'il a vécus, sur les grands thèmes qui revien-
nent dans toute son œuvre : la dignité et la grandeur de
l'homme, le sens de son destin, les limites de sa condition. Ces événements, depuis la mort de son grand-père
en 1913 jusqu'à sa rencontre avec Mao-Tsé-toung en
1965, sont regroupés dans la première partie des Antimémoires sous des titres qui évoquent ses principaux
livres, jalonnant ainsi à la fois sa carrière littéraire et sa
vie.

Le reste des *Antimémoires* doit en principe paraître après
la mort de l'auteur. Il en a pourtant détaché récemment le
chapitre consacré à son dernier entretien avec le général
de Gaulle et l'a publié sous le titre *Les chênes qu'on abat,*
emprunté au *tombeau . de Théophile Gautier,* de Victor
Hugo (ces chênes, qui sont ceux qu'on abat pour le
bûcher d'Hercule, évoquent la grandeur du destin de
l'homme supérieur).

C'est aussi aux Mémoires qu'on pourrait rattacher les
Oraisons funèbres, œuvres de circonstances, dont on a parfois critiqué l'éloquence pompeuse, et où se retrouvent
une dernière fois les grands thèmes de l'humanisme
héroïque et esthétique de Malraux. On peut mesurer à la
fois sa fidélité à lui-même et son évolution dans le discours prononcé à Athènes, sur l'Acropole, en 1959. Il y
reprend, pour exalter l'idée de culture, la plus vieille incan-
tation de l'Orient qui, vingt-cinq ans plus tôt, exprimait

sa ferveur révolutionnaire : **Et si cette nuit est une nuit du destin — Bénédiction sur elle, jusqu'à l'apparition de l'aurore!** Ce rapprochement est significatif : pour Malraux, qui a toujours eu, dit-il lui-même, **le double démon de l'Histoire et de l'Art,** l'action et le rêve, l'art et la politique se relaient pour le guider dans sa recherche de l'absolu.

La Condition humaine

La genèse du livre : du reportage au roman

On sait peu de choses sur la genèse de *La Condition humaine,* sinon que, comme le dit le biographe de Malraux, Pierre Galante, six années de gestation lui ont été nécessaires pour que cette œuvre voie le jour. Son premier roman, *Les Conquérants,* est, sinon une première esquisse de son chef-d'œuvre, du moins une étape nécessaire dans la recherche qui y conduit, un peu comme *Jean Santeuil* pour Proust ou *La Mort heureuse* pour Camus.

De son récent ouvrage, *Les Chênes qu'on abat,* qui relate son dernier entretien avec le général de Gaulle, Malraux écrit : **Ce livre est une interview comme *La Condition humaine* était un reportage.** Ce qui signifie à la fois que *La Condition humaine* était un reportage (c'est-à-dire un livre improvisé, né spontanément des événements) et que c'était tout autre chose qu'un reportage : non une sténographie, mais une recréation, une stylisation de la réalité.

La matrice de l'œuvre, c'est sans doute l'expérience indochinoise de Malraux, c'est-à-dire sa découverte de la pensée et de l'action révolutionnaires dans un contexte colonial. Pierre Galante cite ce mot de lui : **Tout mon domaine révolutionnaire a pour origine le colonialisme, et non le prolétariat.** Le combat de Kyo et de ses camarades semble bien être une transposition de celui que Malraux lui-même a mené à Saïgon, aux côtés de son ami Paul Monin, pour la défense du peuple vietnamien opprimé par l'administration et par les colons français.

Mais ce combat, il le situe dans le cadre beaucoup plus vaste et historiquement plus important qu'est la révolution chinoise. Il est admirablement documenté sur les événements de Chine, mais il n'en a été ni l'acteur, ni même vraiment le témoin. Il les recrée, les met en perspective, mêle l'imaginaire au réel. Comme Gaétan Picon le fait observer, *La Condition humaine* est celui des romans de Malraux où la part de l'invention est la plus grande, et c'est à la fois sa richesse et sa seule faiblesse (on y sent, dit-il, **quelque application et quelque artifice**).

Malraux part donc d'une situation historique précise et il se réfère à des événements réels (l'insurrection communiste à Shangaï en 1927). Pourtant, le livre n'est ni un roman historique, ni un reportage romancé. En effet, si l'histoire contemporaine fournit non seulement le cadre, mais aussi le contenu ou même, comme on le dit parfois, le sujet du roman, elle n'en détermine pas le sens. C'est qu'en dehors de sa source historique, il en a une autre, celle-là toute subjective et intérieure.

> **J'ai conté jadis l'aventure d'un homme qui ne reconnaît pas sa voix qu'on vient d'enregistrer parce qu'il l'entend pour la première fois à travers ses oreilles et non plus à travers sa gorge; et, parce que notre gorge seule nous transmet cette voix intérieure, j'ai appelé ce livre *La Condition humaine*.**

C'est ainsi que Malraux lui-même, dans *Les Voix du Silence*, évoque la naissance de son roman. Nous aurons l'occasion de revenir sur cet épisode du disque, qui se situe presque au début du livre. Il en est la cellule originelle, à partir de laquelle s'organise l'œuvre.

L'idée d'écrire un livre sur cette expérience d'un homme qui n'entend pas sa propre voix est-elle venue à Malraux avant celle d'écrire un livre sur la révolution chinoise ou après? Peu importe. Le roman est né, semble-t-il, de la rencontre de ces deux idées, de ces deux expériences, l'une historique (en partie vécue et en partie livresque), l'autre psychologique et métaphysique. Le problème qu'il pose, c'est celui de la solitude de l'homme et de son effort pour la dépasser. Sur un fond d'événements historiques et dans une situation réelle, parfois transposée, l'auteur a créé des personnages romanesques, et c'est dans l'intimité de leur conscience, à l'occasion des conflits provoqués par la révolution, que se situe l'action véritable.

Le récit et les personnages

Roman et histoire : l'insurrection de Shangaï

L'essentiel, dans *La Condition humaine,* c'est donc l'affrontement tragique de la volonté du héros et des forces politiques qui sont la forme moderne de la fatalité.

Ces forces, quelles sont-elles?

Nous sommes à Shangaï, en mars 1927. La ville est encore occupée par les gouvernementaux, dont le pouvoir s'étend sur tout le nord du pays et qui sont soutenus par les représentants des puissances occidentales. Mais l'armée du parti révolutionnaire, le Kuomintang, qui, partie de Canton, a déjà reconquis tout le sud de la Chine, approche de Shangaï. Elle est commandée par le général Chang-Kaï-Shek.

A l'intérieur de la ville, les militants révolutionnaires préparent clandestinement une insurrection qui doit aider et même devancer l'action de Chang-Kaï-Shek. Au mois de février, ils ont déjà essayé de soulever le peuple,

mais l'émeute a été férocement réprimée par les gouvernementaux. Cette fois, l'insurrection est méthodique-
ment organisée, sous la direction d'un chef désigné par le
parti communiste, qui regroupe et arme les ouvriers, syn-
dicalistes, communistes et sympathisants. Ce chef a sans
doute existé (selon A. Boutet de Monvel, c'était Chou-
En-Lai). Mais Malraux a placé dans cette situation historique un personnage imaginaire dont le modèle, selon
Pierre Galante, est l'écrivain japonais Komatsu. Kyo Gisors,
à la fois intellectuel et homme d'action, fils d'un Français
et d'une Japonaise, incarne la rencontre de deux cultures,
orientale et occidentale. C'est lui qui sera le héros du
roman.

Le Parti communiste, auquel appartient Kyo, a adhéré au
Kuomintang et il est donc l'allié de Chang-Kaï-Shek.
L'objectif immédiat des communistes et de Chang-Kaï-
Shek est le même : chasser les gouvernementaux; mais à
plus longue échéance leurs intentions sont totalement
opposées : les uns veulent établir une république natio-
naliste bourgeoise, les autres un régime collectiviste. La
rupture semble donc inévitable — Chang-Kaï-Shek y est
décidé. Mais le Comité central du Parti communiste,
suivant les instructions du Komintern (Internationale
communiste), cherche à la retarder, estimant que ses
forces sont encore insuffisantes et que la situation n'est
pas mûre.

La crise éclate lorsque, les milices ouvrières qui ont
libéré la ville et les troupes du Kuomintang ayant fait
leur jonction, Chang-Kaï-Shek exige des insurgés qu'ils
lui remettent leurs armes. Kyo et ses camarades sont
désavoués et sacrifiés par leur parti et doivent livrer
un combat inégal à leur ancien allié, Chang-Kaï-Shek,
qui de son côté s'est entendu avec ses anciens adversaires,
les riches bourgeois de Shangaï et les puissances étran-
gères. Les survivants seront torturés et exécutés. Mais le
Parti communiste lui-même ne sera pas sauvé; il devra
rentrer dans la clandestinité pour de nombreuses années.

Le film des événements

Les deux premières parties du roman relatent, heure par heure, la préparation et les principaux épisodes de l'insurrection, du 21 au 23 mars, selon le schéma suivant :

1 — Meurtre du trafiquant d'armes par Tchen, qui lui prend le bon nécessaire à la livraison des pistolets destinés à l'armée gouvernementale.

2 — Tchen retrouve, chez Hemmelrich, ses compagnons Kyo et Katow. Kyo va trouver le baron Clappique, qui servira d'intermédiaire pour la livraison des armes. Pendant ce temps, Katow prépare ses hommes. Rentré chez lui, Kyo retrouve son père, Gisors, puis sa femme, May.

3 — Tchen, obsédé par le meurtre qu'il a commis, le confesse à son maître Gisors.

4 — Katow, avec son commando, enlève les armes entreposées sur le bateau (fin de la 1re partie).

5 — Dans Shangaï en grève, Ferral, président de la Chambre de Commerce française et du consortium franco-asiatique, qui a d'énormes intérêts en Chine, envisage un rapprochement avec Chang-Kaï-Shek.

6 — Tchen, à la tête de son groupe, attaque un poste de garde gouvernemental.

7 — Ferral reçoit l'envoyé de Chang-Kaï-Shek, dont il accepte de financer l'entreprise. Puis il va retrouver sa maîtresse, Valérie.

8 — Les troupes du Kuomintang entrent dans Shangaï et demandent aux insurgés de livrer leurs armes. Kyo et ses compagnons assistent à l'attaque du train blindé où sont réfugiés les derniers soldats gouvernementaux.

Ainsi se trouvent présentés les personnages du roman et introduits les thèmes essentiels : la puissance du capitalisme et celle de la révolution, la violence et la tendresse, le désir et la vertu, la solitude et la communion des hommes.

La troisième partie marque un temps d'arrêt dans l'action et nous éloigne de Shangaï. Elle est remplie par les discussions que Kyo et Tchen, venus pour plaider la cause des insurgés, ont avec les responsables communistes à Hankéou. Le représentant de l'Internationale, Vologuine, explique à Kyo que le rapport des forces est pour le moment favorable à Chang-Kaï-Shek et qu'il faut donc gagner du temps en retardant le plus possible la rupture. Kyo repart résolu, malgré les ordres reçus, à sauver la révolution en résistant à Chang-Kaï-Shek par les armes. Tchen a décidé d'assassiner le général. Dans cette partie, les thèmes dominants sont les thèmes politiques : la fin et les moyens, la discipline et le terrorisme, l'appareil et les masses, etc.

L'échec : mort et transfiguration

L'action est nouée. Après un intervalle de trois semaines, le récit des événements de Shangaï reprend et se précipite pendant les 4e, 5e et 6e parties :

1 — Clappique apprend que Kyo va être arrêté.

2 — Premier attentat manqué de Tchen. Il décide de se jeter avec sa bombe sous la voiture du général.

3 — Clappique, chez Gisors, avertit Kyo.

4 — Katow cherche Tchen pour le sauver d'une mort inutile.

5 — L'envoyé de Chang-Kaï-Shek apprend à Ferral que les communistes seront fusillés.
Ferral se venge de Valérie qui l'a humilié.

6 — Attentat manqué et mort de Tchen (fin de la 4e partie).

7 — Clappique, qui a rendez-vous avec Kyo pour lui vendre des renseignements qui peuvent le sauver, s'attarde dans une maison de jeux.

8 — Arrestation de Kyo.

9 — Hemmelrich rejoint Katow à la permanence et ils se préparent à soutenir un siège.

10 — Clappique, sur la demande de Gisors, intervient auprès de König, chef de la police de Chang-Kaï-Shek, pour sauver Kyo. En vain.

11 — Attaque de la permanence par les soldats du Kuomintang. Katow est blessé et pris, Hemmelrich peut s'enfuir (fin de la 5e partie).

12 — Kyo en prison, puis dans le bureau de König, qui l'interroge.

13 — Clappique, déguisé, réussit à monter à bord d'un paquebot en partance.

14 — Les prisonniers communistes entassés dans un préau d'école à côté d'une gare attendent la torture et la mort. Kyo s'empoisonne au cyanure. Katow, qui a donné son cyanure à un camarade, va être brûlé dans la chaudière d'une locomotive.

15 — Gisors et May veillent le corps de Kyo.

La 6e partie, qui s'achève ici, est le sommet du roman (l'équivalent du 5e acte d'une tragédie). Elle apporte le dénouement et affirme les thèmes essentiels. La scène où Kyo, en prison, découvre le fond de l'humiliation et de l'abjection et celle où, avec Katow, il affronte la mort dans l'exaltation du sacrifice, présentent les deux aspects de la condition humaine, son horreur et sa grandeur.

La 7e partie constitue l'épilogue du roman : elle évoque le destin des personnages qui survivent au dénouement tragique. A Paris, dans le bureau du ministre des Finances, Ferral se heurte au refus des banques de renflouer le consortium, et il voit s'écrouler l'œuvre de sa vie. Au Japon, May retrouve Gisors. Tandis qu'il se réfugie dans l'opium, elle repart pour venger Kyo en poursuivant son action révolutionnaire.

Ainsi, le roman se referme sur un double échec, celui de la Révolution, qu'incarne Kyo, et celui du capitalisme qu'incarne Ferral. Mais la cause que Kyo a servie est porteuse des plus hautes valeurs. Par son action, il a contribué à donner conscience au peuple chinois de son aliénation. Par son sacrifice, il est devenu un exemple.

Signification du roman : solitude et fraternité

Selon le point de vue auquel on se place, *La Condition humaine* apparaît comme un roman *tragique,* comme un roman *politique* — le premier, peut-être, de la littérature française — ou comme un roman *métaphysique et éthique.* Ces trois interprétations correspondent à des conceptions différentes et complémentaires de ce qu'est la *condition humaine.*

L'homme tragique

Le propre du tragique est le conflit. La puissance du roman de Malraux vient sans doute avant tout du sentiment intense et exalté qu'il a des conflits qui déchirent l'individu et fondent son destin. Comme le dit Gaétan Picon, l'univers humain de Malraux est continûment celui du conflit. C'est celui des exigences contradictoires, inconciliables. Conflit entre les groupes ou entre les individus, entre les intérêts ou entre les passions, mais aussi à l'intérieur de chaque individu. Entre l'espérance révolutionnaire et l'attachement aux valeurs bourgeoises, entre la stratégie patiente des dirigeants communistes et l'exigence de justice immédiate de Tchen, entre la volonté de puissance de Ferral et l'orgueil de Valérie, entre le sentiment familial d'Hemmelrich et sa foi révolutionnaire, entre le désir de sacrifice de Kyo et son rêve de bonheur, il n'est pas de compromis possible. L'univers de Malraux est celui du tout ou rien.

Et pourtant on ne peut pas dire que son héros choisisse vraiment son destin ou l'élabore. Comme le dit Jeanne Delhomme, il va du choix à l'hésitation de ce choix qui est l'hésitation de son être; c'est pourquoi les romans de Malraux sont *sans solution.* L'affrontement entre les personnages traduit le dialogue intérieur de Malraux, déchiré par ses contradictions. Enfermé, comme le héros cornélien, dans une situation sans issue, le héros de Malraux s'en échappe par une sorte de pari sur soi-même, par un saut dans l'inconnu, par un jeu tragique avec la vie. Cet univers est celui du risque, temporel ou spirituel, perpétuellement assumé. Ce comportement atteint au sublime dans la scène ou Katow donne son cyanure à l'un de ses compagnons pour lui éviter la souffrance.

L'homme et la politique

Pour Malraux, on l'a vu, le domaine privilégié du tragique contemporain, c'est la politique. Les passions rivales qui se disputent l'homme, dit Gaétan Picon, sont éclairées chez lui par les grands incendies qu'allume l'histoire. Alors que le roman moderne, de Balzac et Flaubert à Mauriac et Martin du Gard, situe le tragique dans la vie privée, les relations familiales et le destin personnel, Malraux le trouve dans la situation historique de ses personnages et dans leurs choix politiques. En ce sens, son œuvre a une valeur prophétique : les temps allaient venir où, comme dans la Chine de 1927, il n'y aurait plus en Europe de vie privée. Tous les personnages de *La Condition humaine*, même ceux qui, comme Clappique ou Gisors, se sentent le plus étrangers à l'action, sont pris dans le mouvement de l'histoire et obligés de se déterminer par rapport à elle. Le choix fondamental, c'est celui qu'il faut faire entre la Révolution, qui porte les valeurs de l'avenir, et le maintien de l'ordre capitaliste et colonial, tourné vers le passé. Mais à l'intérieur même du camp révolutionnaire, il y a conflit entre l'impatience de Tchen, qui le conduit au terrorisme individuel, et le sens de l'organisation des dirigeants, entre la pureté révolutionnaire de Kyo et le machiavélisme de Vologuine, entre l'obéissance et l'initiative. Malraux ne se prononce pas explicitement, mais il est clair que sa préférence va à Kyo et à Katow, à ceux qui combattent plutôt qu'aux *politiques*, à la spontanéité des masses et à l'initiative des individus plus qu'aux manœuvres des *appareils*. Il est trotskyste ou même, avant la lettre, maoïste, plus que stalinien.

Le problème général que pose *La Condition humaine*, c'est celui de la transformation du monde, du milieu

humain. Cette transformation est-elle nécessaire, est-elle
possible, par quelles voies, à quel prix ? Les voies sont
détournées, le prix est celui du sacrifice de milliers de
militants. Mais le roman, aussi décevant que soit son
dénouement (le dernier mot est amer), est un hymne
révolutionnaire, un appel à l'espoir. Gisors, dans un de
ses cours, disait :

> Il faut que l'usine, qui n'est encore qu'une espèce
> d'église des catacombes, devienne ce que fut la cathé-
> drale et que les hommes y voient, au lieu des dieux,
> la force humaine en lutte contre la Terre.

Et May, commentant ces paroles tout à la fin du livre,
pense :

> Oui : sans doute les hommes ne valaient-ils que par
> ce qu'ils avaient transformé. La Révolution venait de
> passer par une terrible maladie, mais elle n'était pas
> morte. Et c'étaient Kyo et les siens, vivants ou non,
> vaincus ou non, qui l'avaient mise au monde.

La pensée politique s'élargit ici à la dimension de
l'épopée : la politique, la révolution, c'est le combat pro-
méthéen de l'homme contre la nature ; mais il passe par le
combat entre les hommes.

De la solitude à la communion

Si la situation de l'homme dans l'histoire est donnée, la
conscience qu'il en a est acquise. Comme on l'a vu, le
thème central du roman est celui de la solitude absolue
de chaque conscience. L'expérience originelle n'est pas
celle de la communauté avec les autres, mais celle de la
séparation. Le modèle de cette expérience est l'étonne-
ment de Kyo lorsque, au début du roman, il entend sa
voix enregistrée sur un disque, sans la reconnaître, parce
qu'on entend la voix des autres avec ses oreilles, la
sienne avec sa gorge, et ce motif revient à plusieurs repri-
ses. Tout homme est enfermé en soi, est pour soi-même
une subjectivité pure, une espèce d'affirmation absolue,
d'affirmation de fou, et c'est ce qui définit la condition

humaine. Gisors dira à la fin du livre : Tout homme est
fou, mais qu'est une destinée humaine, sinon une vie
d'efforts pour unir ce fou et l'univers? Les moyens de
cette union peuvent être la conquête, la compréhension,
la comédie, l'amour, la camaraderie. Le sens que
l'homme donne à sa vie dépend de la nature du rapport
qu'il établit avec les autres et des valeurs sur lesquelles
il le fonde. C'est ce rapport aussi qui détermine la
signification morale du roman.

On peut en effet, selon ce critère, distinguer dans
La Condition humaine trois types de personnages : les
conquérants, les *témoins* et les *héros*. Le modèle du
conquérant, c'est Ferral, qui rappelle certains personnages des précédents romans de Malraux; mais alors que
la volonté de puissance de Perken dans *La Voie royale* et
de Garine dans *Les Conquérants* avait une valeur exemplaire, Ferral est un être inauthentique. Il ne vit la relation avec autrui que comme un affrontement, une
tentative de domination, aussi bien dans la politique et
les affaires que dans l'amour. Dans la politique, il
recherche à la fois la griserie du jeu et celle du pouvoir.

Il est naturellement, par intérêt et par conviction, du
côté des adversaires de la Révolution, les généraux gouvernementaux d'abord, Chang-Kaï-Shek ensuite. Dans sa
vie privée, dans ses relations avec Valérie, sa nature, dit
l'auteur, l'enferme dans l'érotisme, non dans l'amour, ce
qui supposerait un renoncement et un accord. La scène
où on le voit au lit avec elle (c'est l'une des rares scènes
d'amour dans l'œuvre de Malraux) décrit un combat,
l'assaut de deux consciences pour qui l'amour est
effectivement, comme on le dit, un désir de possession.
Ferral, même dans l'amour, reste donc seul. On retrouve
une attitude semblable, poussée jusqu'à l'abjection,
chez König, dont la principale motivation est le ressen-
timent et qui cherche dans la souffrance infligée à autrui
le sentiment de son existence et de sa puissance. On
peut encore rattacher à ce type de personnage Vologuine et Possoz, bien qu'ils soient des *commissaires*

plutôt que des conquérants; c'est-à-dire des hommes de l'appareil, qui tirent leur force intérieure de leur accord avec un pouvoir et avec une ligne politique. Ils sont, eux, du côté de la Révolution et ils ne sont pas seuls, mais cette appartenance à une communauté a quelque chose d'abstrait et de froid.

Ceux que j'appelle les *témoins*, par opposition aux *acteurs* du drame qui se joue, sont les hommes de bonne volonté qui connaissent les vraies valeurs, mais qui, par manque de courage ou de foi, sont incapables de s'engager totalement pour les défendre. C'est eux qui, comme le chœur antique, commentent l'action, mais ils ne la vivent pas vraiment eux-mêmes. Dans les difficultés, ils réagissent par la fuite. Gisors se réfugie dans la sécurité de l'opium et dans la sagesse humaniste, Clappique dans le jeu et le mensonge. Gisors est en un sens la plus admirable figure du roman. C'est lui qui exprime les sentiments les plus hauts et les pensées les plus profondes. Il est pour Kyo et pour Tchen le Sage, le maître, le Père, parce qu'il comprend le monde et connaît la vie. Mais il n'aime pas le monde et il ne supporte pas la vie. Même son amour pour Kyo ne l'a pas délivré de la solitude; sa mort l'y enferme encore davantage. La solution, pour lui, c'est la drogue, qui le plonge dans un état ambigu où la sérénité s'accorde avec le désespoir. Quant à Clappique, personnage *farfelu* qui traverse, en y paraissant égaré, ce livre tendu et sévère (il reparaîtra d'une manière surprenante dans les *Antimémoires*), il incarne une manière d'être originale, qui est le refus ou l'impossibilité d'être vraiment au monde. Si Gisors se réfugie dans les profondeurs de la méditation, Clappique, lui, fuit le réel en se maintenant à la surface des choses, dans le domaine de l'apparence : il joue la comédie à lui-même et aux autres. Son refus de l'esprit de sérieux et son recours au mensonge, à la mythomanie, au jeu, à l'alcool, traduisent l'angoisse devant l'idée de la condition humaine. Lui non plus ne réussit pas à sortir de lui-même, bien qu'il ne s'aime pas.

Les vrais *acteurs* du drame sont ceux qui sont capables, pour s'y engager, de s'élever d'une conscience individuelle à une conscience partagée. Dans le groupe des révolutionnaires, Hemmelrich est un héros qui s'ignore, Tchen est un héros manqué. Hemmelrich est le personnage le plus touchant du roman. Bon époux et bon père, homme moyen aux prises avec les difficultés quotidiennes de la vie, c'est la mort tragique de sa femme et de son enfant qui, en le délivrant de la peur, puisqu'il n'a plus rien à perdre, fait de lui un héros. Tchen se sacrifie, mais son acte ne donne pas à sa vie le sens qui lui manquait et ne rompt pas sa solitude, parce que c'est un acte individuel, qui ne le relie ni à ses compagnons, ni au mouvement de l'histoire, bien qu'il ait voulu se prolonger par ses disciples, Souen et Peï, avec qui il crée une sorte d'école ou d'ordre terroriste. Tchen est un mystique du terrorisme, qui recherche dans le meurtre la fulgurance de l'Instant. Il est tendu passionnément vers l'instant de sa mort dont il attend, comme le dit Jeanne Delhomme, la révélation de son être.

Reste le cas de May — la seule figure féminine de l'œuvre de Malraux qui ne soit pas une courtisane. Elle a vécu avec Kyo un amour total, qui ne sépare pas l'idéologie, l'action et la vie privée, et qui s'oppose aussi bien à l'amour conjugal conventionnel qu'à l'érotisme. C'est par la médiation de Kyo qu'elle devient une héroïne et c'est par fidélité à son souvenir qu'à la fin du roman elle décide de s'engager à son tour dans l'action révolutionnaire. Il est significatif que les derniers mots du livre soient les siens. Crispée dans sa douleur, elle est devenue disponible pour une tâche qui dépasse sa personne.

L'héroïsme et la mort

Le mot héroïsme est revenu plusieurs fois dans les analyses qui précèdent : c'est que, pour Malraux, il y a une relation évidente entre la dignité de l'homme et le courage, c'est-à-dire l'aptitude à risquer la souffrance et la mort. Le peintre Kama, beau-frère de Gisors, dit qu'on peut communiquer avec la mort. C'est le plus difficile, mais peut-être est-ce le sens de la vie. Mais il y a aussi une relation entre l'héroïsme et la camaraderie; elle le rend à la fois plus facile et signifiant. Finalement, les véritables héros de *La Condition humaine* sont ceux qui ont su se lier à une communauté concrète et s'engager, jusqu'à en mourir, dans la défense d'une cause qui les dépasse et les prolonge vers l'avenir.

Kyo, le chef responsable, est aussi un intellectuel. Il agit et il s'interroge sur l'action. Il y a en lui à la fois l'impétuosité d'un Rodrigue et l'inquiétude d'un Hamlet, et c'est ce qui fait de lui un personnage si attachant, si vrai dans sa grandeur. Katow, le révolutionnaire professionnel, rescapé de la guerre civile russe, silencieux et efficace, simple et sain, a beaucoup moins de relief et de richesse intérieure que Kyo, mais il le dépasse encore en grandeur d'âme. Entre ces deux héros exemplaires, c'est la mort seule qui établit une hiérarchie. Kyo ne meurt pas seul; sa mort, il la réussit, il la fait sienne, il la charge de sens. Mais cette mort est, si l'on peut dire, facile. Mourir pouvait être un acte exalté, la suprême expression d'une vie à quoi cette mort ressemblait tant. Katow va plus loin, il va jusqu'au bout du sacrifice. En renonçant, au profit de ses camarades, à fuir dans cette mort douce que donne le poison, il parvient à un état de communion parfaite avec les autres et, en son dernier instant, il triomphe de la condition humaine.

L'homme fondamental

On peut se demander ce qui, au-delà du projet historique de la révolution, de la volonté de puissance ou de l'exaltation de la fraternité virile, fait agir les héros de Malraux. Pourquoi cette soif de pouvoir ou de communion? Au cours de sa conversation avec Ferral, encore brûlant de l'humiliation que lui a infligée Valérie et du désir de vengeance, Gisors dit :

La maladie chimérique, dont la volonté de puissance n'est que la justification intellectuelle, c'est la volonté de déité : tout homme rêve d'être Dieu.

Au début du roman, Tchen pense : Que faire d'une âme, s'il n'y a ni Dieu ni Christ? Si on rapproche ces deux répliques, on comprend mieux quel feu consume les héros de *La Condition humaine* : c'est une ferveur frustrée, un désir d'absolu qui ne trouve plus à s'incarner.

On a parlé du nietzschéisme de Malraux. L'héroïsme de ses personnages est une manière de faire table rase pour fonder l'homme en eux-mêmes. Il s'agit de trouver dans l'individu, par-delà la banalité de la vie quotidienne et toutes les déterminations, une valeur suprême qui définisse le domaine humain. Malraux ne s'intéresse dans l'homme qu'à cette tension qui l'élève au-dessus de sa nature. Son œuvre, dit Gaétan Picon, nous suggère **un homme réduit à ses sommets.** Jeanne Delhomme résume le sens général de la pensée de Malraux en disant : **Il faudrait qu'au-delà du monde et du temps il y eût dans l'homme du fondamental que les variations cosmiques, biologiques, historiques n'atteindraient ni ne contamineraient.** C'est cet homme fondamental que, par des voies diverses, tous les personnages recherchent et que Kyo ou Katow trouvent en eux-mêmes.

Structure et écriture du roman

Composition

Il faudrait, plutôt que de composition, parler de *montage,* comme pour un film. *La Condition humaine* s'organise en plusieurs séries de *séquences* en général assez brèves, datées et chronométrées. Ces repères chronologiques donnent plus de clarté au récit; ils traduisent d'autre part l'intensité de la durée vécue par les personnages, presque comparable à celle du temps de la tragédie

classique : l'essentiel de l'action se déroule en deux fois
deux jours.

L'alternance des scènes obéit à des lois d'opposition rigou-
reuse, qui définissent la structure du roman : opposition
entre l'univers des révolutionnaires, tragique et pur, et
celui de la bourgeoisie capitaliste incarné par Ferral; entre
l'amour authentique de Kyo pour sa femme et celui,
égoïste et sensuel, de Ferral pour Valérie; entre la gravité du vieux Gisors et la bouffonnerie de Clappique;
entre les scènes d'action violente, qui marquent les temps
forts du récit et le font avancer, et les scènes de tendresse, de méditation ou de fantaisie, qui sont comme le
contrepoint des précédentes. L'ensemble de ces séquences
s'organise en deux grands mouvements, séparés par une
sorte d'intermède (le séjour de Kyo et de Tchen à
Han-Kéou) et suivis d'un épilogue (la rencontre de May
et de Gisors à Kobé). Comme on l'a vu, l'action se noue
définitivement à la fin du premier mouvement, quand
il devient évident que la situation est sans issue. Mais
elle reste suspendue tout au long de l'épisode d'Han-
Kéou qui, comme il arrive dans les épopées antiques,
nous transporte loin du champ de bataille, dans le monde
un peu abstrait qu'est le séjour des dieux, c'est-à-dire des
états-majors et des responsables politiques. Dès la reprise
de l'action (au début de la 4e partie quand Clappique
apprend que Kyo est recherché par la police de Chang
Kaï-Shek) le mécanisme de la tragédie se déroule impla-
cablement jusqu'à la mort de Kyo et de Katow. De
toutes ces remarques se dégage une impression générale, qui est double : d'intensité et d'équilibre. Il y a dans
le roman une tension extrême, mais l'auteur y a ménagé
des moments de détente et de respiration régulièrement
distribués.

L'inspiration de l'œuvre et la technique romanesque sont
modernes, mais cet équilibre (qu'on ne retrouvera ni
dans *L'Espoir* ni dans *Les Noyers de l'Altenburg*) a quelque
chose d'éminemment classique.

Perspective romanesque

La composition est pour une large part commandée par la perspective romanesque, elle-même étroitement liée au thème central du livre, celui de la solitude absolue des consciences. En effet, bien que le récit soit toujours fait objectivement, il épouse dans chaque scène le point de vue d'un personnage donné. L'accent est mis moins sur les événements que sur la manière dont ils sont vécus par les personnages. Ce caractère de l'art de Malraux apparaît d'une manière évidente dans la scène du meurtre (racontée du point de vue de Tchen), dans la scène d'amour avec Valérie (racontée du point de vue de Ferral) ou dans l'interrogatoire de Kyo par König (où celui-ci est manifestement vu de l'extérieur, alors que le lecteur entre dans la conscience de Kyo). Il est sensible dans presque toutes les scènes importantes du roman. Mais il n'a jamais la rigueur d'une règle : en fait, il s'agit beaucoup moins ici chez Malraux d'un parti pris esthétique que d'une identification spontanée de l'auteur avec son personnage. Non seulement avec les héros, Kyo, Katow ou Tchen, mais aussi avec Gisors, Ferral, May ou Clappique. La plupart des scènes se déroulent ainsi sur deux plans, celui de la réalité objective (les gestes, les paroles) et celui de la pensée subjective. Et à ces deux plans correspondent deux registres ou deux styles : l'un (celui de la description, de la narration et du dialogue) plus précis et plus dépouillé, l'autre presque lyrique.

Le glissement de l'un à l'autre, c'est le passage du *il* au *je*. En fait, Malraux n'emploie jamais la première personne pour rapporter les pensées ou les sentiments de ses personnages. On trouve en revanche à chaque instant, dans *La Condition humaine,* une forme de monologue intérieur au style indirect, qui permet au lecteur d'épouser le point de vue du personnage. Il suffit d'ouvrir le roman à la première page pour en avoir tout de suite un exemple frappant avec les questions que se pose Tchen : **Tenterait-il de lever la moustiquaire? Frapperait-il au travers?**

Et à la dernière page, presque à la dernière phrase, on en trouverait un autre exemple significatif : Kyo l'avait embrassée ainsi, le dernier jour..., ce qui rapporte non un fait, mais le souvenir que May en a gardé.

Malraux applique ainsi spontanément une technique romanesque moderne : le récit n'est pas fait par un romancier omniscient, qui verrait d'un seul regard l'extérieur des choses et l'intimité des consciences. Les événements sont considérés d'un point de vue privilégié, celui du personnage avec qui, à ce moment-là, l'auteur coïncide. Et l'univers romanesque, dans sa complexité et son mouvement, naît de la juxtaposition de ces points de vue partiels. La scène qui constitue le sommet du roman, celle où les prisonniers attendent la mort dans le préau d'école, près de la gare, est vue presque constamment à travers la conscience de Katow, mais aussi, par moments, à travers celle, angoissée et hallucinée, de ses camarades.

Aussitôt après, la scène où May et Gisors veillent le corps de Kyo est moins un dialogue que deux monologues alternés.

Réalité et imagination

Cette tendance constante qu'a Malraux à conduire le récit en entrant dans la subjectivité de ses personnages n'est pas sans rapport avec une autre caractéristique du roman, où la réflexion l'emporte sur la description et sur la narration, où le vocabulaire abstrait l'emporte sur les mots concrets. Gaëtan Picon dit que Malraux comprend plus qu'il ne représente et que l'universalité de compréhension de son intelligence va plus loin que les possibilités de son expression artistique. Cet aspect intellectuel de *La Condition humaine* en fait la force (il donne au roman le ton philosophique qui justifie son titre), mais en marque aussi les limites. Il manque à l'univers de Malraux et à ses personnages l'épaisseur romanesque qu'on trouve dans les grands romans réalistes. Il s'intéresse moins aux petits faits vrais qu'aux schémas conceptuels, moins à

la réalité qu'à son interprétation. Il n'a pas, au même degré
que Balzac ou Dostoïevski, le don d'observation et le pouvoir d'imagination qui leur permettent de recréer un
monde aussi vrai que le monde réel. Il ne fait pas concurrence à l'état-civil. Gide lui disait malicieusement : **Il
n'y a pas d'imbéciles dans vos livres.** Écrivain intelligent,
il n'est capable de représenter que ce qu'il pense ou sent
lui-même.

Il ne faudrait pourtant pas voir dans *La Condition humaine*
une sorte d'essai philosophique déguisé. C'est bien l'œuvre d'un vrai romancier. C'est même, sans doute, le seul
roman de Malraux dont les personnages sont tout à fait
individualisés et vivants, grâce aux caractéristiques dont il
se sert pour les dessiner. Ces caractéristiques sont exté-
rieures (accent de Katow, tics de langage de Clappique)
ou psychologiques (baiser manqué de Kyo à May, humour
involontaire de Kyo devant König). L'exemple le plus
émouvant de ce souci de vérité psychologique est la faiblesse bien humaine qui se mêle à l'héroïsme de Katow
lorsqu'il donne son cyanure et qui lui fait désirer que
son sacrifice soit reconnu. L'attention scrupuleuse et
passionnée que Malraux porte aux êtres se manifeste
surtout dans les scènes les plus tragiques, mais elle
n'est presque jamais totalement absente. Gestes, paroles,
bruits, objets, tout existe avec intensité. Et parfois la
description ou le récit s'élargit et atteint une dimension qui est presque celle de l'épopée : attaque du train
blindé et rumeur de l'armée révolutionnaire qui approche,
préau d'école où les insurgés prisonniers attendent la
mort, etc. Si Malraux n'a pas l'imagination réaliste de
Balzac, si on ne trouve pas chez lui le scintillement poétique de Proust, il a le sens du symbole, qui transfigure la
réalité. C'est ainsi, par exemple, que la ville de Shangaï,
vue la nuit par Tchen ou à midi par Ferral, constamment
présente à l'arrière-plan de toutes les actions et de
toutes les pensées, devient le symbole à la fois de l'Asie,
profonde et inépuisable, et du peuple, en qui s'éveille
lentement la conscience de sa force.

Écriture

Les traits de l'art romanesque de Malraux, tels qu'on vient de les définir, se retrouvent dans le domaine de l'expression. Ses personnages lui ressemblent, plus qu'il ne s'identifie à eux, comme si, à travers eux, c'étaient des aspects divers de sa propre personnalité qui s'exprimaient. Ils parlent à peu près tous comme il le ferait lui-même. J'ai signalé les tics de. langage de Clappique et, à un degré moindre, de Katow. Les autres personnages n'ont pas un langage différencié. Rien, à ce point de vue, qui ressemble à l'effort d'un Balzac ou d'un Proust pour reproduire la manière de parler d'un individu ou d'une classe sociale.

Le style de Malraux est à la fois abstrait et passionné, aussi éloigné du constat que de la pure effusion lyrique. Sa qualité maîtresse, qui traduit le climat général de l'œuvre, est l'intensité. Il est tantôt rapide, saccadé, fiévreux, dans les scènes d'action et la discussion, tantôt au contraire ample, relativement imagé, rythmé. Cette prose, qui contraste avec celle du roman existentialiste ou du *Nouveau Roman,* fait penser à Stendhal par sa nervosité, mais plus encore à Chateaubriand, à Barrès ou à Saint-Exupéry par son caractère soutenu, parfois jusqu'à l'emphase. C'est bien en définitive à cette famille spirituelle que se rattache l'auteur de cette œuvre d'où la vulgarité, le débraillé, mais aussi l'ironie et l'humour sont absents, et qui, sur un ton d'orgueil amer, exalte la tragique grandeur de l'homme.

Accueil du roman

La Condition humaine, qui obtient le prix Goncourt en 1933, est tout de suite accueillie comme un chef-d'œuvre par l'ensemble des critiques, et Malraux, jusqu'alors relativement peu connu, apparaît d'emblée comme l'un des plus grands écrivains français. Le ton est donné par François Mauriac dans *L'Écho de Paris* : Il a du talent : il a plus de talent qu'aucun garçon de son âge. Edmond Jaloux dans *Les Nouvelles littéraires* dit que l'esprit de Malraux était déjà présent dans *Les Conquérants* et dans *La Voie Royale,* mais qu'il s'affirme maintenant avec une puissance extraordinaire dans *La Condition humaine,* et il analyse avec pénétration aussi bien les thèmes du roman que les personnages qui, tous, ont ce goût de la réflexion dans l'action qui caractérise l'œuvre de Malraux.

Bien entendu, dès la publication du livre, les jugements qu'on porte sur lui se nuancent en fonction de l'idéologie des critiques. A gauche, Jean Guéhenno, par exemple, tout en admirant la grandeur de l'œuvre, en indique les limites; il reproche à Malraux son romantisme, son culte de l'énergie et son idéalisme. Les critiques communistes sont favorables, mais prudents : ils sentent bien que Malraux n'est pas vraiment des leurs. Ilya Ehrenbourg, lui aussi, reproche aux héros de *La Condition humaine* d'être des romantiques exaltés plutôt que des militants efficaces. Ils raisonnent énormément.

Les critiques de droite sont évidemment hostiles à Malraux. Robert Brasillach, dans *L'Action française,* dénonce le goût malsain de l'héroïsme qui se manifeste dans certaines scènes du roman et l'explique par le sadisme de l'auteur. L'abbé Bethléem, dans *La Croix,* décrit *La Condition humaine* comme un roman communiste et fangeux, qui... ne nous épargne aucune abomination. Au cours des années qui suivent, les passions politiques continuent de fausser certains jugements sur l'œuvre de Malraux, mais peu à peu celle-ci prend aux yeux du public et de la critique son visage définitif : ce qu'il y avait en elle d'exotisme ne cache plus autant sa signification humaine profonde. Drieu la Rochelle dit que ses personnages sont chinois comme les personnages de Racine étaient grecs, c'est-à-dire foncièrement humains. Il montre que Malraux n'est pas vraiment marxiste. En

1938 paraît la première étude approfondie de l'œuvre de Malraux, celle de Rachel Bespaloff, qui met l'accent sur le tragique intérieur de *La Condition humaine*. Désormais, à la critique d'humeur ou à la critique impressionniste vont succéder, de plus en plus, les analyses objectives, les tentatives d'élucidation. Gaëtan Picon, qui sera un peu l'exégète officiel de Malraux, publie sa première étude en 1945, puis son *Malraux par lui-même* en 1953. Aussitôt après la guerre, l'évolution politique inattendue de Malraux et la publication de nouveaux livres qui viennent éclairer d'un jour nouveau toute l'œuvre antérieure, amènent de nombreux critiques à s'interroger sur le sens de cette œuvre. La revue *Esprit* publie en 1948 un numéro spécial intitulé *Interrogation à Malraux*. Vers la même période paraissent les études de R.-M. Albérès, Roger Stéphane et Pierre de Boisdeffre, qui contribuent à fixer l'image caractéristique du héros de Malraux, sorte d'aventurier politique.

Bientôt, l'auteur de *La Condition humaine* est définitivement consacré comme un « classique du XXe siècle ». Il devient un auteur scolaire : la même année (1955) paraissent le petit livre de Georges Pompidou dans la collection Vaubourdolle (Hachette) et la première édition scolaire de *La Condition humaine,* par André Boutet de Monvel, dans les petits classiques Larousse. D'autres ouvrages du même genre suivront; les plus récents sont l'étude d'ensemble de Pol Gaillard (Bordas) et la présentation, très complète et pénétrante, de *La Condition humaine* par Henri Dumazeau dans la collection *Profil d'une œuvre* (Hatier, 1970).

Malraux est aussi devenu un sujet de thèses et d'études érudites en France et à l'étranger. Les ouvrages de Jeanne Delhomme (1955), Joseph Hoffmann (1963), Lucien Goldmann (1964), proposent des interprétations philosophiques de l'ensemble de l'œuvre et plus particulièrement de *La Condition humaine.* Jeanne Delhomme voit le héros de Malraux, notamment Kyo, comme un être **interrogatif** ou encore comme **l'hésitation de l'être devant**

l'action. Joseph Hoffmann interprète l'engagement et le
sacrifice de Katow comme l'irruption d'une liberté dans
le monde du destin. Pour Lucien Goldmann, Kyo, Katow
et leurs camarades ont trouvé définitivement une signification authentique à leur existence.

Faisant, en 1967, le bilan de la vie et de l'œuvre de Malraux, le critique Claude Bonnefoy compare sa situation
actuelle à celle de Chateaubriand en 1848. Il publie son
dernier livre, les *Antimémoires,* au moment précisément
où... les jeunes philosophes annoncent la fin de cet humanisme né au XXᵉ siècle et dont *La Condition humaine* fut
l'une des plus belles illustrations. Et le critique ajoute :
Malraux n'est-il pas un écrivain qui nous parle du passé,
dont l'œuvre se situe dans le passé?

Peut-être l'œuvre de Malraux est-elle destinée à tra-
verser une période d'incompréhension et même d'oubli.
Pour le moment, même si certains jeunes s'en détournent,
elle n'en continue pas moins à exercer sa fascination. Il ne
se passe pas de jour sans qu'un livre, une revue, un jour-
nal ou une émission de radio lui consacre un commen-
taire. François Mauriac écrivait peu de temps avant sa
mort : Malraux demeure le plus grand écrivain français
vivant et à coup sûr le plus singulier. Et il ajoutait :
S'il n'a certes pas été méconnu, il demeure un inconnu...

Commentaires de textes

Assassiner n'est pas seulement tuer

Tchen tenterait-il de lever la moustiquaire? Frapperait-il au travers? L'angoisse lui tordait l'estomac; il connaissait sa propre fermeté, mais n'était capable en cet instant que d'y songer avec hébétude, fasciné par ce tas de mousseline blanche qui tombait du plafond sur un corps moins visible qu'une ombre, et d'où sortait seulement ce pied à demi incliné par le sommeil, vivant quand même — de la chair d'homme. La seule lumière venait du building voisin : un grand rectangle d'électricité pâle, coupé par les barreaux de la fenêtre dont l'un rayait le lit juste au-dessous du pied comme pour en accentuer le volume et la vie. Quatre ou cinq klaxons grincèrent à la fois. Découvert? Combattre, combattre des ennemis qui se défendent, des ennemis éveillés!

La vague de vacarme retomba : quelque embarras de voitures (il y avait encore des embarras de voitures, là-bas, dans le monde des hommes...). Il se retrouva en face de la tache molle de la mousseline et du rectangle de lumière, immobiles dans cette nuit où le temps n'existait plus.
Il se répétait que cet homme devait mourir. Bêtement : car il savait qu'il le tuerait. Pris ou non, exécuté ou non, peu importait. Rien n'existait que ce pied, cet homme qu'il devait

frapper sans qu'il se défendît — car, s'il se défendait, il appellerait.

Les paupières battantes, Tchen découvrait en lui, jusqu'à la nausée, non le combattant qu'il attendait, mais un sacrificateur. Et pas seulement aux dieux qu'il avait choisis : sous son sacrifice à la révolution grouillait un monde de profondeurs auprès de quoi cette nuit écrasée d'angoisse n'était que clarté. « Assassiner n'est pas seulement tuer... » Dans ses poches, ses mains hésitantes tenaient, la droite un rasoir fermé, la gauche un court poignard. Il les enfonçait le plus possible, comme si la nuit n'eût pas suffi à cacher ses gestes. Le rasoir était plus sûr, mais Tchen sentait qu'il ne pourrait jamais s'en servir; le poignard lui répugnait moins. Il lâcha le rasoir dont le dos pénétrait dans ses doigts crispés; le poignard était nu dans sa poche, sans gaine. Il le fit passer dans sa main droite, la gauche retombant sur la laine de son chandail et y restant collée. Il éleva légèrement le bras droit, stupéfait du silence qui continuait à l'entourer, comme si son geste eût dû déclencher quelque chute. Mais non, il ne se passait rien : c'était toujours à lui d'agir.

(Pp. 9-10)

Un début de roman original

Ce début de roman est célèbre par sa brusquerie, qui plonge le lecteur, sans aucune préparation, au milieu d'une action déjà commencée et dont les circonstances ne sont pas tout de suite précisées. Un meurtre va se commettre; mais nous ne connaissons ni le mobile du meurtrier, ni l'identité de la victime, ni même le lieu de la scène. Seuls quelques mots suggèrent discrètement le décor : minuit et demi, moustiquaire (une chambre, un climat tropical), building, klaxons, quelque embarras de voiture (une grande ville européenne, la concession française de Shangaï). Le sens exact de cette première page n'apparaîtra qu'un peu plus loin, dans une courte scène d'exposition : la méditation de Tchen devant le panorama de Shangaï, aussitôt après le meurtre (pp. 12-13).

Cette brusquerie traduit l'intensité des sentiments de Tchen ; en même temps, elle donne le ton du roman et en introduit le premier thème, celui de la violence.

Un monologue intérieur

L'absence de précision sur les circonstances de la scène concentre notre attention sur les sentiments et les sensations de Tchen, nous obligeant ainsi à entrer dans la conscience du héros qui, dès la première phrase, nous est présenté de l'intérieur : Tenterait-il...? Frapperait-il...? C'est Tchen qui se pose ces questions à lui-même, hésitant sur la manière de donner le coup de poignard ou de rasoir, et cette hésitation révèle son trouble profond. De même, plus loin, *découvert* (vais-je être découvert?), question dont la forme elliptique traduit sa nervosité, et **combattre des ennemis qui se défendent!** exclamation qui est un souhait (combattre est le contraire d'assassiner).

Dans le premier paragraphe, la progression des termes qui évoquent la victime : **corps ... pieds ... vivant ... chair d'homme**, correspond à la prise de conscience par Tchen de la situation : ce corps qu'il va frapper est celui d'un homme vivant, comme lui-même.

Enfin, d'un bout à l'autre de la scène, les objets (rideaux, corps, lit, fenêtres, etc.) sont évoqués successivement dans l'ordre où Tchen les perçoit, comme dans un *travelling*.

L'angoisse et l'action

Les sentiments de Tchen sont complexes, troubles, et surtout contradictoires.

Ce qu'il éprouve d'abord, au moment de tuer, c'est une sorte d'inhibition qui le paralyse (*hébétude*), bien qu'il soit habituellement un homme courageux et décidé (*fermeté*). Ce trouble vient d'un dégoût physique devant l'acte à accomplir : Tchen a l'obsession de la chair humaine offerte sans défense. C'est ce qui explique qu'il choisisse finalement le poignard, plutôt que le rasoir qui évoque des images insoutenables de chair déchirée. En même temps, il éprouve la nostalgie du combat, c'est-à-dire de l'action véritable. Il a aussi l'impression d'une profonde solitude : il souhaiterait avoir affaire à des **ennemis éveillés** et il se sent loin du **monde des hommes**. Contre cette tentation du découragement Tchen a recours au sentiment du devoir : **Cet homme devait mourir.** Il s'efforce de se concentrer sur l'idée que ce meurtre est nécessaire. Le devoir politique s'oppose ici à la fois au dégoût physique et aux scrupules moraux : la victime est innocente et sans défense, mais sa mort est indispensable au succès de la révolution (puisque, comme nous le saurons plus tard, le papier dont Tchen doit s'emparer permettra à ses camarades d'obtenir les armes dont ils ont besoin).

Le meurtrier a le sentiment de sa responsabilité. Il souhaiterait que les choses se fassent toutes seules. **Mais non, il ne se passait rien : c'était toujours à lui d'agir.**

La fascination du meurtre

Tous ces sentiments sont relativement simples, et Tchen en a une conscience assez claire. Mais il éprouve aussi d'autres sentiments plus profonds et plus obscurs, qui font pour lui de ce meurtre (dont nous saurons qu'il est le premier) une révélation de sa personnalité véritable.

Il découvre en lui... non le *combattant* qu'il attendait, mais un *sacrificateur*. C'est-à-dire que Tchen, par-delà son premier sentiment d'horreur, se découvre accordé à sa tâche qui est de donner la mort. Mais plus profondément encore il s'aperçoit que le devoir politique (**son sacrifice à la révolution**) est un mobile finalement moins puissant que l'instinct de meurtre (**un monde de profondeurs...**). Cette découverte lui donne certes la nausée, mais elle lui

ouvre des perspectives nouvelles sur lui-même : il sent
confusément que ce premier meurtre prépare sa vocation
de terroriste (cf. p. 55).
Ce texte a donc une valeur à la fois dramatique, psychologique et morale. En montrant la fascination que Tchen
éprouve devant cette **chair d'homme** qu'il va percer de son
poignard, Malraux suggère une réflexion sur le sens et la
valeur que l'existence d'un homme a pour autrui.

Quelques questions

Relever, dans ce texte, les termes *descriptifs*. Distinguer
soigneusement ceux qui décrivent objectivement le lieu
et les circonstances de la scène, ceux qui décrivent Tchen
de l'extérieur et ceux qui expriment son point de vue.

Tenterait-il? : expliquer l'emploi du conditionnel.

Ce tas de mousseline blanche : valeur expressive du mot
tas?

Vivant quand même : expliquer cette restriction.

Grincèrent : Justifier ce verbe.

Là-bas. Est-ce si loin? Justifier cet adverbe.

Cette nuit où le temps n'existait plus. Montrer le contraste
entre la présence intensément actuelle du corps et
l'absence intemporelle du reste du monde.

Sacrificateur : différence de sens avec *combattant* et *assassin*?

Essais

1. En quoi ce début de roman est-il original, si on le
compare à ceux des romans de Balzac, de Stendhal ou de
Flaubert?
2. **Assassiner n'est pas seulement tuer.** A partir de cette
affirmation, examinez les diverses significations que peut
avoir le meurtre.
3. Montrer le caractère *cinématographique* de cette scène.

Amour et solitude

Il marchait à côté de Katow, une fois de plus. Il ne pouvait pourtant se délivrer d'elle. « Tout à l'heure, elle me semblait une folle ou une aveugle. Je ne la connais pas. Je ne la connais que dans la mesure où je l'aime, que dans le sens où je l'aime. On ne possède d'un être que ce qu'on change en lui, dit mon père... Et après? » Il s'enfonçait en lui-même comme dans cette ruelle de plus en plus noire, où même les isolateurs du télégraphe ne luisaient plus sur le ciel. Il y retrouvait l'angoisse, et se souvint des disques : « On entend la voix des autres avec ses oreilles, la sienne avec la gorge. »

Oui. Sa vie aussi, on l'entend avec la gorge, et celle des autres?... Il y avait d'abord la solitude, la solitude immuable derrière la multitude mortelle comme la grande nuit primitive derrière cette nuit dense et basse sous quoi guettait la ville déserte, pleine d'espoir et de haine. « Mais moi, pour moi, pour la gorge, que suis-je? Une espèce d'affirmation absolue, d'affirmation de fou : une intensité plus grande que celle de tout le reste. Pour les autres, je suis ce que j'ai fait. » Pour May seule, il n'était pas ce qu'il avait fait; pour lui seul, elle était tout autre chose que sa biographie. L'étreinte par laquelle l'amour maintient les êtres collés l'un à l'autre contre la solitude, ce n'était pas à l'homme qu'elle apportait son aide; c'était au fou, au monstre incomparable, préférable à tout, que tout être est pour soi-même et qu'il choie dans son cœur. Depuis que sa mère était morte, May était le seul être pour qui il ne fût pas Kyo Gisors, mais la plus étroite complicité. « Une complicité consentie, conquise, choisie », pensa-t-il, extraordinairement d'accord avec la nuit, comme si sa pensée n'eût plus été faite pour la lumière. « Les hommes ne sont pas mes semblables, ils sont ceux qui me regardent et me jugent; mes semblables, ce sont ceux qui m'aiment et ne me regardent pas, qui m'aiment contre tout, qui m'aiment contre la déchéance, contre la bassesse, contre la trahison, moi et non ce que j'ai fait ou ferai, qui m'aimeraient tant que je m'aimerais moi-même — jusqu'au suicide, compris... Avec elle seule j'ai en commun cet amour déchiré ou non, comme d'autres ont, ensemble, des enfants malades et qui peuvent mourir... » Ce n'était certes pas le bonheur, c'était quelque chose de primitif qui s'accordait aux ténèbres et faisait monter en lui une chaleur qui finissait dans une étreinte immobile, comme d'une joue contre une joue — la seule chose en lui qui fût aussi forte que la mort.

(Pp. 49-50)

Tout ce passage est un *monologue intérieur* qui succède à une scène dramatique et en tire la leçon : après s'être laissé aller devant May, pour la première fois, à un mouvement de jalousie qui les a, pour un moment, rendus étrangers l'un à l'autre, Kyo rentre en lui-même. La discussion tendue qu'il a eue avec sa femme a été interrompue par l'arrivée de Clappique, puis de Katow. Il accompagne celui-ci, qui va attaquer le bateau contenant les armes. Mais il est obsédé par ce qui vient de se passer; il découvre ce que May représente pour lui.

L'expérience de la solitude

La première évidence qui s'impose à Kyo, c'est qu'il ne *connaît* plus May, ou plutôt qu'il a d'elle une connaissance subjective et passionnée, radicalement différente de celle, objective, qu'on a des choses. Il y a une relation entre la connaissance qu'on a d'une personne et l'action qu'on a sur elle (on ne possède d'un être que ce qu'on change en lui...).

Mais cette constatation ne va pas au fond des choses (Et après?). Kyo s'enfonce dans sa méditation et ce qui lui donne la clé de cette énigme de la relation humaine fondamentale, c'est le souvenir de l'épisode du disque. L'impression qu'il éprouve d'être enfermé en lui-même et de ne pas comprendre May lui rappelle l'expérience qu'il a faite chez Lou-You-Shuen et que son père lui a expliquée (cf. pp. 19 et 40-41) : il n'a pas reconnu sa propre voix enregistrée, donc devenue pour lui objet, parce qu'on entend la voix des autres avec ses oreilles, c'est-à-dire de l'extérieur, la sienne *avec sa gorge*, donc de l'intérieur.

Il voit tout à coup dans cette expérience le symbole de la condition humaine : chaque homme est pour lui-même une évidence première, une présence obsédante, une affirmation absolue, qui fait de lui un fou, tandis que les autres ne le connaissent que par son comportement extérieur, ses actes, sa biographie. Les consciences ne peuvent donc pas communiquer entre elles et les hommes sont condamnés à la solitude totale.

La complicité de l'amour

Pour May seule, Kyo n'est pas un étranger, parce qu'elle le connaît de l'intérieur, comme il se connaît lui-même. Ce qu'elle connaît de lui, ce n'est pas ce qu'il dit ou fait, mais ce qu'il pense et ce qu'il sent. Dans l'amour, on s'identifie à ce que l'autre a de singulier, au fou, au monstre incomparable. L'amour est une manière de préférer l'autre comme on se préfère soi-même à tout le reste du monde. Même s'il n'est d'aucun secours dans la réalité (ce n'était pas à l'homme qu'elle apportait son aide), il est le seul moyen de rompre la solitude fondamentale des consciences. Lui seul fait de l'autre un complice ou un semblable.

Si l'amour a ce pouvoir, alors peu importe cette crise qui vient de bouleverser Kyo. Avec elle seule j'ai en commun cet amour déchiré ou non... Il se rend compte maintenant, mieux que jamais, de tout ce que l'amour de May lui apporte : la chaleur d'une présence humaine, un sentiment de plénitude plus puissant même que l'idée de la mort. Ce que ne dit pas Kyo, mais que nous devinons, c'est qu'au-delà du réconfort de l'amour conjugal, il aspire à une union avec autrui qui se ferait au niveau de ce qui est commun à tous les hommes : l'amour conjugal devient le modèle de la relation humaine idéale.

Une méditation nocturne

La méditation de Kyo ne se déroule pas d'une manière abstraite, bien que le vocabulaire en soit souvent abstrait.

A aucun moment on n'oublie la présence de la ville qui se prépare à la révolte (la ville déserte; pleine d'espoir et de haine). Mais surtout il y a une analogie et un échange entre les pensées de Kyo et le décor nocturne : son angoisse se projette sur les choses, et la nuit à son tour lui communique sa tristesse. Il se sent en accord avec la grande nuit primitive... dense et basse. L'idée de quelque chose de primitif revient encore à la fin du texte : la nuit profonde de Shangaï est l'image de ce sentiment fondamental, originel, qu'il éprouve et qui est la découverte de la toute-puissance de l'amour.

Une logique passionnée

Kyo se parle à lui-même. On notera les procédés qui permettent de varier le style du monologue intérieur et d'en marquer les articulations : style direct (passages entre guillemets) alternant avec le style indirect (emploi de la troisième personne de l'imparfait), points de suspension, conjonctions de coordination (oui... mais moi...), antithèses (solitude immuable — multitude mortelle, nuit primitive — nuit dense et basse). Cette méditation se déroule avec la rigueur d'un raisonnement ou d'une démonstration logique. Mais il est évident que ce raisonnement est conduit par une intense émotion. Le ton de tout le passage est celui de l'exaltation contenue. L'auteur emploie des termes intensifs, qui caractérisent en général son style (affirmation absolue, intensité, monstre incomparable, extraordinairement, aussi forte que la mort), mais cet éclat du style est ici pour ainsi dire étouffé, feutré par une harmonie verbale un peu sourde (s'accordait aux ténèbres, étreinte immobile, etc.) qui fait penser à un mode mineur.

Quelques questions

Sa vie aussi, on l'entend avec la gorge. Expliquer cette
métaphore.

Relever tous les verbes à l'*imparfait de l'indicatif* et
étudier la valeur que prend ce temps selon les cas.

Même les isolateurs du télégraphe ne luisaient plus. Expliquer. De quelle matière et de quelle couleur sont ces
isolateurs?

Moi, pour moi... pour lui seul... pour soi-même. Qu'exprime cet emploi insistant des pronoms personnels?

Essais

1. Avez-vous fait vous-même un jour l'expérience de la
solitude telle que Malraux la décrit?

2. Peut-on connaître un homme par sa *biographie*?
Quels renseignements donne-t-elle? Que laisse-t-elle
échapper?

3. Discuter l'idée que Malraux a de l'*amour*.

L'impossible communion

De l'autre côté du toit, à gauche, des hommes des deux
groupes — bourgeois kuomintang et ouvriers communistes —
arrivaient avec prudence. Devant la chute ils s'étaient arrê-
tés : maintenant, ils recommençaient à descendre très lentement. La répression de février avait été faite de trop de
tortures pour que l'insurrection manquât d'hommes résolus.
A droite, d'autres hommes approchaient. « Faites la chaîne! »
cria Tchen, du bas. Tout près du poste, des insurgés répé-
tèrent le cri. Les hommes se prirent par la main, le plus
élevé entourant fortement de son bras gauche une grosse et
solide chimère de faîte du toit. Le lancement des grenades
reprit. Les assiégés ne pouvaient riposter.

En cinq minutes, trois grenades entrèrent à travers deux fenêtres visées; une autre fit sauter l'auvent. Seule, celle du milieu n'était pas atteinte. « Au milieu! » cria le cadet. Tchen le regarda. Cet homme éprouvait à commander la joie d'un sport parfait. A peine se protégeait-il. Il était brave, sans aucun doute, mais il n'était pas lié à ses hommes. Tchen était lié aux siens, mais pas assez.

Pas assez.

Il quitta le cadet, traversa la rue hors du champ de tir des assiégés. Il gagna le toit. L'homme qui s'accrochait au faîte faiblissait : il le remplaça. Son bras blessé replié sur cette chimère de ciment et de plâtre, tenant de sa main droite celle du premier homme de la chaîne, il n'échappait pas à sa solitude. Le poids de trois hommes qui glissaient était suspendu à son bras, passait à travers sa poitrine comme une barre. Les grenades éclataient à l'intérieur du poste qui ne tirait plus. « Nous sommes protégés par le grenier, pensa-t-il, mais pas pour longtemps. Le toit sautera. » Malgré l'intimité de la mort, malgré ce poids fraternel qui l'écartelait, il n'était pas des leurs. « Est-ce que le sang même est vain? »

Le cadet, là-bas, le regardait sans comprendre. Un des hommes, monté derrière Tchen, lui offrit de le remplacer.

— Bien, je lancerai moi-même.

Il lui passa cette chaîne de corps. Dans ses muscles exténués, montait un désespoir sans limites. Son visage de chouette aux yeux minces était tendu absolument immobile; il sentit avec stupéfaction une larme couler le long de son nez. « Nervosité », pensa-t-il. Il tira une grenade de sa poche, commença à descendre en s'accrochant aux bras des hommes de la chaîne. Mais après la violence de l'effort qu'il avait dû faire pour soutenir la chaîne, ses bras lui semblaient mous, lui obéissant mal. La chaîne prenait appui sur le décor qui terminait le toit sur les côtés. De là, il était presque impossible d'atteindre la fenêtre du milieu. Arrivé au ras du toit, Tchen quitta le bras du lanceur, se suspendit à sa jambe, puis à la gouttière, descendit par le tuyau vertical : trop éloigné de la fenêtre pour la toucher, il était assez proche pour lancer. Ses camarades ne bougeaient plus. Au-dessus du rez-de-chaussée, une saillie lui permit de s'arrêter. Souffrir si peu de sa blessure l'étonnait. Tenant de la main gauche l'un des crampons qui maintenaient la gouttière, il soupesa sa première grenade, dégoupillée : « Si elle tombe dans la rue, sous moi, je suis mort. » Il la lança, aussi fort que le lui permit sa position : elle entra, éclata à l'intérieur.

(Pp. 90-91)

La situation et les acteurs

L'insurrection de Shangaï a commencé. Tchen est chargé de commander un groupe d'ouvriers misérables, avec qui il ne se sent rien de commun. Ils ont les pistolets pris sur le bateau, mais il leur faut trouver d'autres armes.

Comme le font au même moment des dizaines d'autres groupes, ils attaquent un poste de police pour y prendre des fusils. Ils en occupent le rez-de-chaussée, mais des officiers et des policiers réfugiés au premier étage se défendent. Tchen reçoit en renfort un *tchon* (groupe) Kuomintang bien différent du sien (il est composé de jeunes bourgeois bien nourris), commandé par un officier de carrière. Ils décident d'attaquer le poste par le toit, de manière à lancer des grenades d'en haut dans les pièces du premier étage à travers les fenêtres. Mais la première tentative échoue, les insurgés glissant sur le toit.

Une scène d'action

Contrairement aux autres textes déjà expliqués, ce passage est essentiellement une scène d'action. Action violente, puisqu'il s'agit d'un combat qui a déjà fait de nombreuses victimes (un certain nombre d'insurgés qui avaient pénétré au rez-de-chaussée du poste ont été tués ou blessés) et va en faire d'autres. On notera tous les termes qui évoquent cette violence de l'action : ceux qui évoquent les bruits (cris, éclatements des grenades); ceux qui traduisent des sensations musculaires (effort, douleur, fatigue).

Le style est celui de l'action, rapide et haletant, sauf dans les phrases qui expriment des idées ou des sentiments.

Malgré son intensité, cette action n'est pas confuse. Le récit en est rendu très clair par les indications topographiques qui aident le lecteur à imaginer la scène : **de l'autre côté du toit, à gauche** (si on regarde de la rue) et **à droite**, des insurgés prennent position. **Du bas**, Tchen et l'officier lancent leurs ordres. **Tout près du poste**, dans la rue, d'autres hommes observent et attendent.

On notera la précision dans la description : le toit du poste, avec les **chimères** qui l'ornent, et dont l'une, tout au faîte, va servir de point d'ancrage pour la chaîne de corps : les gestes des assaillants et de Tchen lui-même (**son bras gauche, sa main droite, son bras blessé**).

La chaîne

Tchen a imaginé un procédé technique ingénieux pour permettre au lanceur de grenades de descendre jusqu'au rebord du toit en pente sans glisser : il pourra ainsi jeter ses engins à travers les fenêtres du premier étage occupé par les assiégés. Ce procédé consiste à relier le lanceur, par l'intermédiaire d'une *chaîne* de corps qui se tiennent par la main, à un camarade solidement accroché à la chimère. Tchen occupe d'abord, dans cette chaîne, une extrémité (tout en haut), puis, quand un de ses hommes lui offre de le remplacer, l'autre, tout en bas. Finalement, il abandonne la chaîne pour descendre encore plus près de la fenêtre, en s'appuyant sur la gouttière, et il réussit à lancer une grenade qui éclate à l'intérieur du poste.

Mais s'il décide de descendre lui-même au bord du toit, ce n'est pas essentiellement par souci d'efficacité : c'est pour cesser de se sentir, parmi ses propres compagnons,

un étranger. Et faire la chaîne n'est pas seulement un procédé technique ou une tactique, c'est aussi un symbole de
la solidarité virile dans le combat, idéal de Tchen.
Ce texte est donc bien plus qu'une scène d'action : on y
suit le déroulement, dans la conscience du héros, d'un
drame qui le déchire intérieurement. On remarquera le
passage insensible du récit objectif au monologue intérieur, à partir de Tchen le regarda... La scène a donc une
valeur psychologique et dramatique. Par les problèmes
que se pose Tchen, elle a aussi une signification morale
et philosophique.

La solitude du chef

Tchen se sent radicalement différent de l'officier Kuomintang, d'origine bourgeoise, ancien *cadet* (élève de l'École
militaire) avec ce que cela implique de qualités et de
défauts : élégant, précis, courageux, efficace, mais froid,
sans passion, distant. C'est un technicien du combat, non
un révolutionnaire. Il conçoit le commandement comme
un sport : il n'y engage pas tout son être et ne communie
pas avec ses hommes.
En face de ce type de chef de guerre traditionnel, produit
d'une société où les classes sociales s'opposent, Tchen
voudrait incarner un autre type de chef révolutionnaire,
issu du peuple et étroitement lié à ses hommes. Il conçoit
le commandement comme une forme de camaraderie.
C'est pour se sentir plus proche de ses soldats qu'il
prend place dans la chaîne, d'abord tout en haut du toit,
puis, dans un effort désespéré pour réaliser son idéal, à
l'extrémité de la chaîne, donc à la pointe de l'action. Il
veut être responsable de ses camarades, les prendre en
charge, faire en sorte qu'ils dépendent de lui, pour se
faire pleinement accepter par eux. On notera le tournant
de sa réflexion et de sa décision : la répétition des mots
pas assez, isolés dans un paragraphe.
Le geste de Tchen est vain : lui, que son caractère, sa
formation d'intellectuel, son passé et son idéologie
séparent de ces hommes simples, il découvre que les

coups reçus en commun (le sang) et le danger (l'intimité
de la mort) ne suffisent pas à créer une véritable fraternité. L'auteur n'indique pas clairement ici les raisons de
l'échec de Tchen, mais les laisse deviner : ce mystique,
épris d'absolu, manque du sens de la réalité et de véritable
chaleur humaine. Il imagine la solidarité plus qu'il ne la
vit vraiment (noter la valeur symbolique des images du
corps humain).

Tchen souffre intensément de cet échec (un désespoir sans
limites). Cette déception, s'ajoutant à l'expérience du
meurtre (p. 9), l'enfonce dans sa solitude et achève de
l'orienter vers le terrorisme individuel, où il va reconnaître
sa vocation.

Quelques questions

Pourquoi Tchen a-t-il une blessure au bras? (cf. p. 10
et p. 86)

Noter l'absence presque totale de couleur locale, d'exotisme (sauf la mention de la chimère).

Remarquer la confusion, dans la conscience de Tchen, de
la fatigue physique et de la lassitude morale : dans ses
muscles exténués... désespoir sans limites.

Comparer les trois emplois successifs du mot *chaîne*;
montrer que le sens du mot s'enrichit à chaque fois.

Pourquoi l'officier Kuomintang est-il appelé *le cadet*,
alors qu'en réalité il ne l'est plus?

Ce poids fraternel qui l'écartelait : expliquer l'image et
l'antithèse.

Étudier dans tout le texte la valeur symbolique de la
main et du *bras*.

Essais

1. Comparer cette scène à d'autres scènes de romans
connus décrivant la guerre civile ou la révolution (par
exemple celle de la barricade dans *Les Misérables* de
Victor Hugo).

Indiquer les analogies et les différences dans la narration et l'expression des sentiments.

2. Comment concevez-vous le rôle et l'attitude d'un chef?

3. Quels rapports y a-t-il entre le *sport* et le *combat*?

4. Faites le portrait de *Tchen* : sa personnalité, son évolution intérieure, sa destinée. *(cf. p. 9, p. 52, p. 141, p. 197.)*

S'affranchir de sa condition d'homme

Gisors regarda ce visage aigu aux yeux fermés, éclairé du dessous par la petite lampe, un effet de lumière accroché aux moustaches. Des coups de feu au loin. Combien de vies se décidaient dans la brume nocturne? Il regardait cette face âprement tendue sur quelque humiliation venue du fond du corps et de l'esprit, se défendant contre elle avec cette force dérisoire qu'est la rancune humaine; la haine des sexes était au-dessus d'elle, comme si, du sang qui continuait à couler sur cette terre pourtant gorgée, eussent dû renaître les plus vieilles haines.

De nouveaux coups de feu, très proches cette fois, firent trembler les verres sur la table.

Gisors avait l'habitude de ces coups de feu qui chaque jour venaient de la ville chinoise. Malgré le coup de téléphone de Kyo, ceux-ci, tout à coup, l'inquiétèrent. Il ignorait l'étendue du rôle politique joué par Ferral, mais ce rôle ne pouvait être exercé qu'au service de Chang-Kaï-Shek. Il jugea naturel d'être assis à côté de lui — il ne se trouvait jamais « compromis », même à l'égard de lui-même — mais il cessa de souhaiter lui venir en aide. De nouveaux coups de feu, plus éloignés.

— Que se passe-t-il? demanda-t-il.

— Je ne sais pas. Les chefs bleus et rouges ont fait ensemble une grande proclamation d'union. Ça a l'air de
s'arranger.

« Il ment, pensa Gisors : il est au moins aussi bien rensei-
gné que moi. »

— Rouges ou bleus, disait Ferral, les coolies n'en seront pas
moins coolies ; à moins qu'ils n'en soient morts. Ne trouvez-
vous pas d'une stupidité caractéristique de l'espèce humaine
qu'un homme qui n'a qu'une vie puisse la perdre pour une
idée ?

— Il est très rare qu'un homme puisse supporter, comment
dirais-je ? sa condition d'homme... »

Il pensa à l'une des idées de Kyo : tout ce pour quoi les
hommes acceptent de se faire tuer, au-delà de l'intérêt,
tend plus ou moins confusément à justifier cette condition
en la fondant en dignité : christianisme pour l'esclavage,
nation pour le citoyen, communisme pour l'ouvrier. Mais il
n'avait pas envie de discuter des idées de Kyo avec Ferral.
Il revint à celui-ci :

— Il faut toujours s'intoxiquer : ce pays a l'opium, l'Islam le
haschich, l'Occident la femme... Peut-être l'amour est-il
surtout le moyen qu'emploie l'Occidental pour s'affranchir
de sa condition d'homme...

Sous ses paroles, un contre-courant confus et caché de
figures glissait : Tchen et le meurtre, Clappique et sa folie,
Katow et la révolution, May et l'amour, lui-même et
l'opium... Kyo seul, pour lui, résistait à ces domaines.

— Beaucoup moins de femmes se coucheraient, répondait
Ferral, si elles pouvaient obtenir dans la position verticale
les phrases d'admiration dont elles ont besoin et qui
exigent le lit.

— Et combien d'hommes ?

— Mais l'homme peut et doit nier la femme : l'acte, l'acte
seul justifie la vie et satisfait l'homme blanc. Que pense-
rions-nous si l'on nous parlait d'un grand peintre qui ne
fait pas de tableaux ? Un homme est la somme de ses actes,

de ce qu'il a *fait*, de ce qu'il peut faire. Rien autre. Je ne suis pas ce que telle rencontre d'une femme ou d'un homme modèle de ma vie; je suis mes routes, mes...

— Il fallait que les routes fussent faites.

Depuis les derniers coups de feu, Gisors était résolu à ne plus jouer le justificateur.

— Sinon par vous, n'est-ce pas, par un autre. C'est comme si un général disait : « Avec mes soldats, je puis mitrailler la ville. » Mais, s'il était capable de la mitrailler, il ne serait pas général... D'ailleurs, les hommes sont peut-être indifférents au pouvoir... Ce qui les fascine dans cette idée, voyez-vous, ce n'est pas le pouvoir réel, c'est l'illusion du bon plaisir. Le pouvoir du roi, c'est de gouverner, n'est-ce pas? Mais l'homme n'a pas envie de gouverner : il a envie de contraindre, vous l'avez dit. D'être plus qu'homme, dans un monde d'hommes. Échapper à la condition humaine, vous disais-je. Non pas puissant : tout-puissant. La maladie chimérique, dont la volonté de puissance n'est que la justification intellectuelle, c'est la volonté de déité : tout homme rêve d'être dieu.

Ce que disait Gisors troublait Ferral, mais son esprit n'était pas préparé à l'accueillir. Si le vieillard ne le justifiait pas, il ne le délivrait plus de son obsession :

— A votre avis, pourquoi les dieux ne possèdent-ils les mortelles que sous des formes humaines ou bestiales? »

Ferral s'était levé.

— Vous avez besoin d'engager l'essentiel de vous-même pour en sentir plus violemment l'existence, dit Gisors sans le regarder.

Ferral ne devinait pas que la pénétration de Gisors venait de ce qu'il reconnaissait en ses interlocuteurs des fragments de sa propre personne, et qu'on eût fait son portrait le plus subtil en réunissant ses exemples de perspicacité.

— Un dieu peut posséder, continuait le vieillard avec un sourire entendu, mais il ne peut conquérir. L'idéal d'un dieu, n'est-ce pas, c'est de devenir homme en sachant qu'il retrouvera sa puissance; et le rêve de l'homme, de devenir dieu sans perdre sa personnalité...

(Pp. 192 à 194)

Ferral, après l'humiliation que lui a infligée Valérie, qui l'a ridiculisé publiquement, a cherché à se venger en faisant lâcher des oiseaux dans sa chambre à l'hôtel Astor, mais ce geste n'a pas apaisé sa colère. Pour se calmer et échapper au sentiment de solitude qu'il éprouve, il va au bar du cercle français, avec l'intention d'aller ensuite retrouver une prostituée. Il y rencontre Gisors, également seul, qui commence à s'inquiéter du sort de Kyo, qu'il sait recherché par la police de Chang-Kaï-Shek. Tandis que la conversation s'engage, orientée par l'obsession de Ferral, vers les problèmes de l'érotisme, de la relation entre l'homme et la femme et de la jalousie, on entend des coups de feu qui signalent la reprise des combats, cette fois entre les insurgés communistes et les troupes du Kuomintang.

Un dialogue complexe

L'essentiel de cette scène (les deux derniers tiers) est une *discussion d'idées* caractéristique de la manière de Malraux. Mais cette discussion n'a rien d'académique; dès le début en effet, on sent que les deux hommes traversent une crise et ne sont pas dans leur état normal : Ferral est rongé par la rancune, Gisors par l'inquiétude.

Le début de la scène épouse le point de vue de Gisors. Ferral est vu de l'extérieur, mais deviné par Gisors qui, avec sa pénétration habituelle, a compris quels ravages l'humiliation a faits en lui. La conversation reprend quand on entend le bruit de la fusillade. Malgré leur besoin de se confier, les deux interlocuteurs restent sur la réserve; ils sentent qu'ils appartiennent à des camps ennemis. Ferral ment en affirmant que les troupes du Kuomintang (les bleus) et les communistes (les rouges) se sont réconciliés. Gisors devine le mensonge et en ressent de l'hostilité à l'égard de Ferral. Désormais la scène, du point de vue de Gisors, se déroule simultanément sur deux plans : celui des paroles exprimées, celui des pensées et des images qui constituent le courant de conscience.

Deux conceptions opposées
de la révolution et de l'homme

Pour le positif et sceptique Ferral, la révolte est non seulement inutile, mais *stupide*. Il ne conçoit pas qu'on puisse sacrifier sa vie à une idée, c'est-à-dire à une valeur, puisque pour lui il n'existe pas d'autre valeur que la vie elle-même, avec les jouissances immédiates qu'elle comporte.

A cette conception, Gisors oppose, non la sienne propre, mais celle de Kyo, qui est une foi humaniste : la condition humaine, mauvaise en soi, peut et doit être justifiée, c'est-à-dire valorisée par l'affirmation de la dignité humaine, qui s'oppose ici à l'intérêt comme motivation des actions humaines. Or c'est la révolution communiste qui aujourd'hui porte cette valeur, comme le christianisme dans l'antiquité et le patriotisme pendant la Révolution française de 1789.

On retrouve ici un des thèmes essentiels du roman qui sera repris dans la scène de l'interrogatoire de Kyo par König.

L'action et le rêve

Ferral est un conquérant. Un homme est la somme de ses actes. Il veut agir sur autrui et ne s'engage que pour sentir son existence, comme Gisors le devine.

Gisors se sent proche de Kyo et éloigné de Ferral, dont la vulgarité intellectuelle le choque. Pourtant, s'il juge lui aussi la condition humaine insupportable, il s'agit moins pour lui de la transformer que de s'en évader. L'amour est pour les Occidentaux (pour Ferral) un moyen d'évasion comme la drogue pour les Orientaux (et pour Gisors lui-même qui, bien qu'Européen de naissance, a adopté la culture orientale).

Élargissant ensuite cette idée, Gisors en arrive à imaginer que la plupart des entreprises humaines, médiocres ou nobles, sont des tentatives pour échapper à la condition humaine. Même la volonté de puissance n'est qu'une illusion : elle traduit le rêve qu'a tout homme : on ne peut pas à la fois posséder (ce qui suppose le temps aboli) et conquérir (ce qui est de l'ordre du devenir).

La volonté de puissance de Ferral, comme le désir d'évasion de Gisors s'opposent, aux yeux de celui-ci, à la solution qu'a choisie Kyo : agir au service d'une cause qui le dépasse. C'est ce que signifie l'expression un peu confuse : **Kyo seul, pour lui, résistait à ces domaines.** C'està-dire qu'il n'a, lui, aucun besoin de s'intoxiquer pour supporter sa condition.

Style du dialogue

Le style de toute cette conversation est varié. On notera l'opposition entre le style rapide et banal du début, qui concerne les faits, et le style éloquent de la deuxième partie, qui expose des idées; et aussi l'opposition entre le ton de Ferral, péremptoire et méprisant, et celui de Gisors, plus hésitant et nuancé **(Comment dirais-je... peutêtre...).** L'un est un homme d'affaires, l'autre un philosophe. On remarquera aussi la subtilité avec laquelle l'expression traduit la richesse et la complexité de la pensée de Gisors, dont le déroulement obéit à plusieurs facteurs : la présence et la personnalité de Ferral, son affection paternelle pour Kyo, son expérience personnelle de l'opium, etc.

Quelques questions

Pourquoi l'auteur décrit-il le visage de Ferral, au début du passage?

La haine des sexes était au-dessus d'elle (de cette face) : étudier l'ampleur presque épique de l'image.

Les coolies n'en seront pas moins coolies : expliquer le sens de cette tautologie, qui justifie le conservatisme politique de Ferral.

Noter l'opposition de ton entre les expressions : l'**espèce humaine** et la **condition d'homme.**

Tout ce pour quoi les hommes acceptent de se faire tuer... Noter l'importance chez Malraux du risque de mort librement encouru.

Christianisme pour l'esclavage, nation pour le citoyen : préciser le sens de ces termes et les références historiques qu'ils suggèrent.

Tchen et le meurtre, Clappique et sa folie, etc. : préciser, pour chacun des personnages cités, la nature de son **évasion,** en rappelant les scènes du roman qui en témoignent.

Quelle différence de sens y a-t-il entre **puissant** et **tout-puissant ?**

Essais

1. Dans un poème en prose (*Le Spleen de Paris*, XXXIII), Baudelaire écrit : « Il faut être toujours ivre... Mais de quoi ? De vin, de poésie ou de vertu, à votre guise... »
Précisez le sens et appréciez la valeur du précepte de Baudelaire, en le rapprochant des idées exprimées par Gisors.

2. Admettez-vous qu'un homme accepte de **mourir pour une idée ?**

3. Comment peut se manifester chez l'homme la **volonté de déité ?** Donnez des exemples empruntés à la littérature et à l'histoire.

Le déguisement et la personne

Le client quittait son fauteuil; le coiffeur fit signe à Clappique, qui s'y installa, toujours sans quitter le paquebot de l'œil. L'échelle était vide, mais à peine le visage de Clappique était-il couvert de savon qu'un matelot monta, deux seaux neufs (qu'il venait peut-être d'acheter) à la main, des balais sur l'épaule. Clappique le suivait du regard, marche à marche : il se fût identifié à un chien, pourvu que le chien gravît cette échelle et partît. Le matelot passa devant l'homme de coupée sans rien dire.

Clappique paya en jetant les pièces sur le lavabo, arracha ses serviettes et sortit, la figure pleine de savon. Il savait où trouver des fripiers. On le regardait : après dix pas, il revint, se lava le visage, et repartit.

Il trouva sans peine des bleus de marin chez le premier fripier venu. Il regagna au plus vite son hôtel, changea de vêtements. « Il faudrait aussi des balais, ou quelque chose comme ça. Acheter aux boys de vieux balais? Absurde : pourquoi, un matelot irait-il se balader à terre avec ses balais! Pour avoir l'air plus beau? Complètement idiot. S'il passait la coupée avec des balais, c'est qu'il venait de les acheter à terre. Ils devaient donc être neufs... Allons en acheter... »

Il entra dans le magasin avec son habituel air-Clappique. Devant le regard de dédain du vendeur anglais, il s'écria : « Dans mes bras! », mit les balais sur son épaule, se retourna en faisant tomber une lampe de cuivre, et sortit.

« Dans mes bras », malgré son extravagance volontaire, exprimait ce qu'il éprouvait : jusque-là, il avait joué une comédie inquiète, par acquit de conscience et par peur, mais sans échapper à l'idée inavouée qu'il échouerait; le dédain du vendeur — bien que Clappique négligeant son costume n'eût pas pris l'attitude d'un marin — lui prouvait qu'il pouvait réussir. Balais sur l'épaule, il marchait vers le paquebot, regardant au passage tous les yeux pour trouver en eux la confirmation de son nouvel état. Comme lorsqu'il s'était arrêté devant la coupée,

il était stupéfait d'éprouver combien sa destinée était indif-
férente aux êtres, combien elle n'existait que pour lui : les
voyageurs, tout à l'heure, montaient sans regarder cet
homme qui restait sur le quai, peut-être pour y être tué; les
passants, maintenant, regardaient avec indifférence ce
marin; nul ne sortait de la foule pour s'étonner ou le reconnaître; pas même un visage intrigué... Non qu'une fausse
vie fût faite pour le surprendre, mais cette fois elle lui était
imposée, et sa vraie vie en dépendait peut-être. Il avait soif.
Il s'arrêta à un bar chinois, posa ses balais. Dès qu'il but, il
comprit qu'il n'avait nullement soif, qu'il avait voulu tenter
une épreuve de plus. La façon dont le patron lui rendit sa
monnaie suffit à le renseigner. Depuis qu'il avait changé de
costume, les regards, autour de lui, n'étaient plus les mêmes.
L'habituel interlocuteur de sa mythomanie était devenu
foule.
En même temps — instinct de défense ou plaisir — l'accepta-
tion générale de son nouvel état civil l'envahissait lui-
même. Il rencontrait, tout à coup, par accident, la réussite
la plus éclatante de sa vie. Non, les hommes n'existaient
pas, puisqu'il suffit d'un costume pour échapper à soi-
même, pour trouver une autre vie dans les yeux des autres.
C'était, en profondeur, le même dépaysement, le même
bonheur qui l'avaient saisi la première fois qu'il était entré
dans la foule chinoise. « Dire que faire une histoire, en français, ça veut dire l'écrire, et non la vivre! » Ses balais portés
comme des fusils, il gravit la passerelle, passa, les jambes
molles, devant l'homme de coupée, et se trouva sur la
coursive. Il fila vers l'avant parmi les passagers de pont, posa
ses balais sur un rouleau de cordages. Il ne risquait plus
rien avant la première escale.

(Pp. 246 à 248)

Cette scène, d'un caractère fantaisiste, introduit une détente entre deux épisodes tragiques : celui de l'interrogatoire de Kyo, qui la précède, et celui de sa mort, qui la suit immédiatement. On y voit Clappique, compromis dans l'insurrection, trouver un moyen de fuir Shangaï. Il prend aussi congé du lecteur, sur le mode farfelu qui est le sien.

Le chef de la police, König, autrefois l'obligé de Clappique, lui a donné une journée pour s'enfuir. Pris de panique, il court vers le port et rôde le long des quais, où un paquebot français est en partance. Mais il n'a ni passeport, ni billet, ni argent. Il s'agit pour lui de réussir à monter à bord sans se faire prendre. En attendant, il va se faire raser chez un coiffeur du port. C'est là qu'il va avoir l'inspiration soudaine à laquelle il devra son salut. Mais c'est en même temps l'occasion d'une expérience psychologique qui va le faire réfléchir sur la condition humaine.

L'identification à autrui

Au début, c'est dans un but purement pratique et à la suite d'un raisonnement rigoureux que Clappique cherche à se faire passer pour un matelot porteur d'un seau et de balais : c'est le meilleur moyen de paraître naturel quand il montera à bord. Il veut s'identifier le plus possible au matelot qu'il a vu monter à l'échelle de coupée.

A ce moment-là, il ne joue plus sa comédie habituelle : il tremble de peur et sait que son destin est en train de se décider.

Cette identification va se faire en deux temps. Clappique achète d'abord des vêtements de marin (**des bleus**). Mais il garde son **air-Clappique**, c'est-à-dire qu'il ne joue pas encore vraiment son rôle, parce qu'il n'y croit pas. C'est quand il va ensuite, déjà habillé en matelot, acheter des balais pour achever son déguisement, que le **regard de dédain** du marchand, qui le prend pour un vrai marin, lui redonne confiance. Il s'efforce alors d'imiter l'allure d'un matelot. Lui qui a toujours, dans la vie, joué un rôle, découvre ce qu'est vraiment le déguisement, et c'est pour lui une révélation.

Le regard d'autrui

Clappique a vainement cherché dans le regard des autres, c'est-à-dire dans leur conscience, l'idée qu'il se fait de lui-même. Ayant une personnalité faible, il s'est créé un personnage, il ne cesse de faire comme s'il était un autre. C'est un **mythomane**.

Déguisé en marin, il s'aperçoit qu'on le prend réellement pour ce qu'il veut paraître : pour le regard d'autrui, son déguisement est son être véritable. Il le vérifie en faisant une expérience au bar : les regards des consommateurs et du commerçant lui renvoient l'image d'un Clappique matelot. Alors que d'habitude il ne joue la comédie que pour un interlocuteur unique, cette fois il réussit à tromper tout le monde.

Pour la première fois de sa vie, sans l'avoir voulu, il échappe à lui-même et se sent devenir un autre. Ce changement de personnalité, ce dépaysement qu'il avait déjà cherché dans l'exotisme, est **la réussite la plus éclatante de sa vie** et lui donne un profond **bonheur**.

La fiction et la vie

Clappique réalise ainsi sa vocation : non pas seulement imaginer ou écrire **une histoire** (c'est-à-dire une œuvre de fiction, un roman), mais la vivre. Un peu plus loin, il dira : **Il faut introduire les moyens de l'art dans la vie... non pour en faire de l'art... mais pour en faire davantage de la vie.** Clappique, au fond, ne s'est jamais accepté : il voudrait vivre *une autre vie,* plusieurs vies même, pour changer d'être, pour échapper aux déterminations qui pèsent sur lui. Il voudrait s'inventer lui-même et non être condamné à se subir tel qu'il est.
Mais en même temps, il découvre sa responsabilité et sa solitude. **Sa destinée... n'existait que pour lui.** On retrouve

ici un des thèmes majeurs du roman; c'est la contre-épreuve du monologue de Kyo (p. 45-46). Mais alors que les héros (Kyo, Katow) cherchent à se dépasser vers la communion avec les autres, Clappique cherche à se fuir dans l'imaginaire. Cette solution qu'il donne au problème de son destin personnel contraste avec leur solution, qui est tragique.

Quelques questions

Noter la fréquence des termes qui désignent *le regard d'autrui*. Noter aussi la fréquence des termes qui désignent la *personne* et le *destin individuel*.

Comme lorsqu'il s'était arrêté...; les voyageurs, tout à l'heure... : préciser *ce qui a changé* et *ce qui n'a pas changé* dans la situation de Clappique depuis le moment auquel l'auteur fait allusion (pp. 245-246).

Expliquer : **instinct de défense ou plaisir**. Quelle est l'interprétation la plus vraisemblable?

Il rencontrait, tout à coup, par accident... Montrer la valeur du *pléonasme*.

La foule chinoise. Est-ce que n'importe quelle foule aurait eu le même effet?

Faire une histoire. Il y a ici un jeu de mots. Expliquez-le.

Essais

1. Clappique vous inspire-t-il de la sympathie?
2. Avez-vous déjà éprouvé vous-même le sentiment de *dépaysement* que peut donner le déguisement? Ce sentiment est-il du *bonheur*?
3. Quelles sont les différentes significations du déguisement? (chez l'enfant, le comédien, l'espion, le sorcier).
4. Quelle importance attachez-vous au jugement d'autrui? On se rappellera le mot de Sartre, dans *Huis-Clos* : **L'Enfer c'est les autres.**

Le sacrifice suprême

« La dignité humaine », murmura Katow, qui pensait à l'entrevue de Kyo avec König. Aucun des condamnés ne parlait plus. Au-delà du fanal, dans l'ombre maintenant complète, toujours la rumeur des blessures... Il se rapprocha encore de Souen et de son compagnon. L'un des gardes contait aux autres une histoire : têtes réunies, ils se trouvèrent entre le fanal et les condamnés : ceux-ci ne se voyaient même plus. Malgré la rumeur, malgré tous ces hommes qui avaient combattu comme lui, Katow était seul, seul entre le corps de son ami mort et ses deux compagnons épouvantés, seul entre ce mur et ce sifflet perdu dans la nuit. Mais un homme pouvait être plus fort que cette solitude et même, peut-être, que ce sifflet atroce : la peur luttait en lui contre la plus terrible tentation de sa vie. Il ouvrit à son tour la boucle de sa ceinture. Enfin :

— Hé! là! dit-il à voix basse. Souen, pose ta main sur ma poitrine, et prends dès que je la toucherai : je vais vous donner mon cyanure. Il n'y en a 'bsolument que pour deux.

Il avait renoncé à tout, sauf à dire qu'il n'y en avait que pour deux. Couché sur le côté, il brisa le cyanure en deux. Les gardes masquaient la lumière, qui les entourait d'une auréole trouble; mais n'allaient-ils pas bouger? Impossible de voir quoi que ce fût; ce don de plus que sa vie, Katow le faisait à cette main chaude qui reposait sur lui, pas même à des corps, pas même à des voix. Elle se crispa comme un animal, se sépara de lui aussitôt. Il attendit, tout le corps tendu. Et soudain, il entendit l'une des deux voix :

— C'est perdu. Tombé.

Voix à peine altérée par l'angoisse, comme si une telle catastrophe n'eût pas été possible, comme si tout eût dû s'arranger. Pour Katow aussi, c'était impossible. Une colère sans limites montait en lui mais retombait, combattue par cette impossibilité. Et pourtant! Avoir donné *cela* pour que cet idiot le perdît!

— Quand? demanda-t-il.

— Avant mon corps. Pas pu tenir quand Souen l'a passé :
je suis aussi blessé à la main.
— Il a fait tomber les deux, dit Souen.
Sans doute cherchaient-ils entre eux. Ils cherchèrent ensuite
entre Katow et Souen, sur qui l'autre était probablement
presque couché, car Katow, sans rien voir, sentait près de
lui la masse de deux corps. Il cherchait lui aussi, s'efforçant
de vaincre sa nervosité, de poser sa main à plat, de dix centimètres en dix centimètres, partout où il pouvait atteindre.
Leurs mains frôlaient la sienne. Et tout à coup une des
deux la prit, la serra, la conserva.
— Même si nous ne trouvons rien..., dit une des voix.
Katow, lui aussi, serrait la main, à la limite des larmes, pris
par cette pauvre fraternité sans visage, presque sans vraie
voix (tous les chuchotements se ressemblent) qui lui était
donnée dans cette obscurité contre le plus grand don qu'il
eût jamais fait, et qui était peut-être fait en vain. Bien que
Souen continuât à chercher, les deux mains restaient unies.
L'étreinte devint soudain crispation :
— Voilà.
O résurrection!... Mais :
— Tu es sûr que ce ne sont pas des cailloux? demanda l'autre.
Il y avait beaucoup de morceaux de plâtre par terre.
— Donne! dit Katow.
Du bout des doigts, il reconnut les formes.
Il les rendit — les rendit —, serra plus fort la main qui cherchait à nouveau la sienne, et attendit, tremblant des épaules,
claquant des dents. « Pourvu que le cyanure ne soit pas
décomposé, malgré le papier d'argent », pensa-t-il. La main
qu'il tenait tordit soudain la sienne, et, comme s'il eût com-
muniqué par elle avec le corps perdu dans l'obscurité, il
sentit que celui-ci se tendait. Il enviait cette suffocation
convulsive. Presque en même temps, l'autre : un cri étranglé
auquel nul ne prit garde. Puis, rien. Katow se sentit abandonné. Il se retourna sur le ventre et attendit. Le tremblement
de ses épaules ne cessait pas.

(pp. 258 à 260)

Après la défaite de l'insurrection, Kyo, qui a été arrêté par la police de König dans la rue, et Katow, qui a été blessé et fait prisonnier à la suite du siège de la permanence, se retrouvent dans l'ancien préau d'école où les soldats du Kuomintang ont enfermé les prisonniers communistes blessés, en attendant de les exécuter. On entend le sifflet d'un train dans la gare toute proche : les prisonniers savent qu'ils vont être brûlés vifs dans la chaudière de la locomotive, et il règne dans la salle une atmosphère de terreur.

Kyo et Katow portent l'un et l'autre sur eux une dose de cyanure, qui doit leur permettre d'échapper aux souffrances de la torture. Kyo, le premier, prend le cyanure et meurt. Katow se sent maintenant seul et abandonné. Auprès de lui se trouve le jeune Souen, compagnon de Tchen, qui a participé à l'attentat contre Chang-Kaï-Shek. Souen a peur de l'épreuve qui l'attend : être brûlé vif. Il le dit à Katow, qui réfléchit.

La détresse de Katow

Dans le préau où il attend la mort, Katow n'échappe pas au sentiment de solitude ni à la peur. Il se sent séparé de ses compagnons, eux aussi enfermés en eux-mêmes par la terreur, de Kyo (**le corps de son ami mort**), du monde (**ce mur**); et son imagination, comme celle de ses camarades, est hantée par l'approche du supplice dont la menace est contenue dans le sifflet de la locomotive.

S'il se répète le mot de Kyo sur la dignité humaine, c'est avec un sentiment de dérision tragique et d'impuissance : nulle part la dignité de l'homme n'a été bafouée autant que dans ce préau.

Le dépassement de soi

Katow est donc physiquement, nerveusement et moralement aussi abattu que ses camarades. Mais il croit profondément au pouvoir de la volonté (**un homme**

pouvait être plus fort...) et n'accepte pas la fatalité de la solitude et de la peur. Voyant la peur que Souen et son jeune compagnon ont de la souffrance, l'idée lui vient de leur donner son cyanure et de s'en priver lui-même, se condamnant ainsi à souffrir à leur place. C'est **la plus terrible tentation**, celle de la grandeur d'âme, de l'esprit chevaleresque. Il réalise sa vocation héroïque par le sacrifice. C'est la force de l'idée qui triomphe ici de la faiblesse de la chair.

Un héroïsme tempéré d'humanité

Katow n'est pas un surhomme : il ne triomphe pas de sa peur sans un débat tragique avec lui-même. Le déchirement que provoque en lui cet effort est admirablement suggéré par la répétition : **il les rendit — les rendit.** Le fait même que l'ami de Souen ait laissé tomber la tablette de cyanure, tout en introduisant un élément dramatique dans la scène (un élément de suspense), est une épreuve supplémentaire pour la grandeur d'âme de Katow. Il la surmonte, mais non sans difficulté, sans risque de défaillance (**une colère sans limites, sa nervosité, claquant des dents**).

D'autre part, son désir un peu enfantin de voir son sacrifice reconnu par Souen et, par là, de s'en donner à lui-même le spectacle (**Il n'y en a absolument que pour deux**) contraste avec le caractère sublime de son geste et ajoute une note d'humanité au personnage. Il répétera la même phrase un peu plus tard en répondant à l'officier qui découvrira les corps de Souen et de son compagnon : **Il n'y en avait que pour deux.** Ce trait de vanité chez cet homme à la fois simple et sublime est une trouvaille géniale du romancier, qui contribue à la beauté de la scène.

A la fin, une fois l'acte héroïque accompli, il y a chez Katow une retombée. Il retrouve la détresse, le sentiment d'être abandonné. On pourrait presque penser ici au Christ à Gethsémani.

La fraternité retrouvée

Et pourtant, pendant un instant, Katow a échappé à
la solitude. Cette main chaude dans laquelle il dépose
le cyanure est le signe d'une présence humaine authentique. Et quand Souen et son ami, à leur tour, se dépas-
sant dans un élan de générosité, lui disent : **Même si
nous ne trouvons rien...**, Katow, qui comprend et accepte
cette déclaration de fraternité, est profondément ému
(**à la limite des larmes**) et, d'une certaine manière, comblé.
Il fait l'expérience de la communion entre les êtres.

Un chant funèbre

Cette belle histoire virile se déroule dans un décor et
dans une ambiance funèbres, auxquels s'accorde le style
de Malraux. On remarquera les effets descriptifs : les
sons (contraste entre la rumeur des blessés, proche et
pourtant diffuse, le sifflet, lointain et strident, et la voix
très basse de Katow, qui introduit dans cette scène presque
irréelle une note humaine et intime); les effets de *lumière*
(silhouettes des gardes à contre-jour, entourés d'un halo,
comme les effets de clair-obscur dans les dessins de Rem-
brandt); les gestes de Katow, à tâtons dans l'obscurité,
mais précis et efficaces. *L'espace* où se déroule la scène
est très concentré, délimité par le mur, le corps de Kyo
et ceux des deux blessés, au ras du sol, noyés dans la
pénombre.

On notera aussi la beauté de certaines images ou alliances
de mots : **la rumeur des blessures**, cette **fraternité sans
visage**; le rythme solennel et funèbre de certaines phrases
(**Malgré la rumeur...**, **Katow, lui aussi, serrait la main...**);
les répétitions (**malgré, seul, sifflet**), les sonorités étouffées
(**rumeur, mur, chuchotement, étreinte...**).

Jamais sans doute l'art de Malraux n'a été plus sûr que
dans cette scène, qui est l'un des sommets de son œuvre
romanesque.

Quelques questions

Noter les nuances de sens du mot *dignité* selon le contexte : dans la scène entre Kyo et König, dans celle entre Gisors et Ferral, et dans celle-ci.

La plus terrible tentation de sa vie; pourquoi est-ce une *tentation*, et pourquoi est-elle *terrible*?

Il ouvrit à son tour la boucle de sa ceinture. Pourquoi ce geste? Expliquer à son tour (cf. p. 256).

'bsolument. Quel effet produit, dans le contexte, le défaut de prononciation de Katow?

Essais

1. La morale héroïque dans les romans de Malraux et dans le théâtre de Corneille.
2. Comparer Katow aux héros de Saint-Exupéry (dans *Terre des hommes*) et d'Albert Camus (dans *La Peste*).
3. Quelle est la *valeur morale et sociale* du sacrifice?
4. Quel *sens*, par son geste, Katow donne-t-il à sa mort?

Glossaire

P. 9

moustiquaire : rideau de tissu transparent (en mousseline) pour protéger des moustiques.

hébétude : engourdissement des facultés intellectuelles.

building : grand immeuble moderne (anglais).

P. 11

swing : terme de boxe emprunte à l'anglais : coup porté en balançant le bras.

P. 13

le fleuve : le Hoang-Pou, affluent du Yang-Tsé Kiang.

dictateur militaire : Il s'agit du général nordiste Sun-Chang Fang, chef des troupes gouvernementales.

à mort : jusqu'à la mort.

louée... aux commerces d'Occident : les entreprises capitalistes anglaises et françaises avaient acquis par des traités des privilèges commerciaux : elles exploitaient la population indigène.

P. 14

mah-jong : jeu chinois, ancêtre des dominos.

P. 15

concession : quartier de la ville sous administration européenne. Il y avait à Shangaï deux concessions, l'une française, l'autre internationale.

l'avenue des Deux-Républiques : il s'agit de la République Française et de la République Chinoise. Cette avenue circulaire sépare la concession française de la vieille ville chinoise.

P. 16

tournesol : les Chinois ont l'habitude de mâcher les graines de cette plante, qu'ils crachent ensuite.

P. 17

troupes révolutionnaires : celles du Kuomintang.

P. 18

comité central : du parti communiste chinois, qui siège à Hankéou.

P. 20

dégotter : découvrir (argotique).

P. 21
vareuse : veste militaire que portaient volontiers les communistes russes.

P. 22
comité central : il s'agit d'un organisme insurrectionnel local, qu'il ne faut pas confondre avec le comité central de Hankéou.

P. 23
Tchapéï, Pootung : faubourgs ouvriers de Shangaï.
ganglions : au sens figuré : les centres les plus importants du dispositif insurrectionnel.

P. 24
Nankin : capitale de la Chine au début de la République, base des troupes gouvernementales.
gardes-blancs : soldats russes émigrés servant dans les troupes gouvernementales.
la coloniale : troupe française qui servait outre-mer.

P. 25
la promenade du bourreau : les suspects pris par les patrouilles gouvernementales étaient exécutés sur place et leurs têtes exposées dans des cages.

P. 26
talapoins : prêtres bouddhistes siamois.
Polichinelle : personnage comique traditionnel, bossu par-devant et par-derrière.
Pied-Nickelé : personnage de bandes dessinées, très célèbre à l'époque. L'un des Pieds-Nickelés porte un carré d'étoffe noire sur l'œil.
Leang : dynastie chinoise du VIe siècle.

P. 27
le poète Thou-Fou : poète chinois de la dynastie Tang (712-770).
pp'etit... Trrès : le redoublement de la consonne traduit l'accent de Clappique, de même que les tirets entre les syllabes de certains mots (é-per-dument, p. 28).

P. 28
je m'en fous : cela m'est égal (populaire).

clignant : sous-entendu : de l'œil (en signe de complicité).

P. 29
plaqué : abandonné (familier).
turlupins : mauvais plaisants.
s'en démettaient les reins : à force de débauche.
croquants : paysans.
colichemardes : larges épées.
avecque : orthographe poétique ancienne, qui souligne le ton parodique de Clappique.
mijotait : préparait (familier).
ivre-noble : mot composé sur le modèle d'ivre-mort.

P. 30
ont foutu le camp : se sont enfuis (populaire).

P. 31
bêlement : il s'agit du mais que Clappique vient de prononcer d'une voix nasillarde.
jeunom : jeune homme (prononciation de Clappique).
son délégué : Tang-Yen-Ta, l'intermédiaire tué par Tchen.
gratter : prendre de vitesse (populaire).

P. 32
point : non, pas du tout (style recherché).

P. 33
Nagan : marque d'armes russes.
Mauser : marque d'armes allemandes.

P. 34
pomme d'Adam : nom de la saillie que forme le cartilage thyroïde sur le devant du cou (apparent chez l'homme et non chez la femme, d'où l'expression).
tanks : chars de combat (anglais).

P. 36
crêpe : caoutchouc très souple. Les semelles de crêpe ne font pas de bruit.
photophore : lampe munie d'un réflecteur.
Ali-Baba : personnage des Mille et une Nuits. Allusion au conte intitulé « Ali Baba et les quarante voleurs. »

cyprins : poissons du genre carpe.

P. 37
andouille : imbécile (populaire).

P. 38
frusques : vêtements (populaire).
Song : XIXᵉ dynastie (Xᵉ-XIᵉ siècles).
Wei : Vᵉ-VIᵉ siècles. L'art Wei a été influencé par l'art occidental.
samouraï : guerrier japonais.
Tchang-Tso-Lin : général nordiste, un des « Seigneurs de la guerre ».

P. 39
tapant : empruntant (familier).
mythomanie : goût maladif du mensonge.

P. 40
courtage : prime prélevée par l'intermédiaire dans une transaction.

P. 42
palanquin : chaise à porteur orientale.
Heidelberg : célèbre université allemande.

P. 43
pékinois : petit chien à poil long.
Chienvelu, etc. : mots composés inventés par May.
Lapinovitch : emploi comique du suffixe russe signifiant fils de (ici : fils de lapin).
troupes blanches : gouvernementales : par opposition aux troupes bleues (kuomintang) et rouges (communistes).

P. 48
carré de soie noire : cf. p. 26.
Fantômas : personnage mystérieux de romans et de films d'épouvante.

P. 50
à tête de mandarin... : semblable à une figurine de porcelaine de la Compagnie des Indes représentant un mandarin (c'est-à-dire sans expression).

P. 51
coolies : porteurs et domestiques chinois au service des européens.

P. 52
Nong : cette orthographe traduit l'accent de Tchen.

P. 53
Templier : moine-soldat du temps des Croisades.

P. 56
Kalgan : ville de Chine, près de Pékin.

P. 57
confucianiste : adepte de la philosophie de Confucius (VIe-Ve s. avant J.-C.).

P. 58
Tientsin : grand port près de Pékin.
Swatéou ou Swatow : port du sud de la Chine.

P. 61
paranoïaque : malade mental atteint du délire d'interprétation.

P. 62
bonze : prêtre bouddhiste.

P. 63
Lituanie : pendant la guerre civile russe de 1917-1919.
Blancs : partisans du régime tsariste, ennemis des Bolcheviks.

P. 64
coupée : ouverture permettant de monter à bord d'un navire.

P. 65
Well : bien! (anglais) : exprime l'assentiment.

P. 66
Macao : colonie portugaise en Chine, près de Hong-Kong.

P. 67
touques : récipients de fer-blanc.

P. 69
Voisin : à l'époque, marque d'automobile française de luxe.
charrettes de Pékin : petites charrettes à deux roues.
pousse-pousse : voiture légère traînée par un coureur.

P. 70
chiné : tissé de fils de plusieurs couleurs.
indicateur : agent secret qui renseigne la police.
trafiquotent : diminutif populaire de la forme verbale *trafiquent*.

P. 71
Traités : cf. p. 13.
Han-Kéou : après l'occupation de la concession anglaise par
Chang-Kaï-Shek en septembre 1926, le gouvernement bri-
tannique a reconnu le fait accompli.

P. 72
Chambre : Chambre des députés, aujourd'hui Assemblée
nationale (à Paris).
Jaurès, Briand : chef socialiste et ministre français de la IIIᵉ République.

P. 73
compagnies : sociétés industrielles et commerciales.

P. 74
Renan : écrivain français du XIXᵉ siècle, sceptique et rationaliste.
Berthelot : chimiste et homme politique français du XIXᵉ siècle,
rationaliste et républicain.
agrégé : le concours de l'agrégation est considéré comme particulièrement difficile.
Poincaré, Barthou : ministres français de la IIIᵉ République.
consortium : groupement d'intérêts économiques et financiers.
piastre : unité monétaire chinoise.
les douanes : sont administrées par les Occidentaux.
commissaires politiques : représentants du parti communiste dans
les unités militaires.

P. 75
Sun Yat Sen : fondateur du parti Kuomintang et de la Répu-
blique chinoise.
Minerve : déesse de la sagesse.
Tang : XIIIᵉ dynastie (du VIIᵉ au Xᵉ siècles).

P. 76
Indochine : alors colonie française (aujourd'hui Vietnam).
Mouvement général des Fonds : Service du ministère des Finances (aujourd'hui Direction du Trésor).
combine : moyen ingénieux, parfois peu scrupuleux, de réussir (populaire).

P. 77
Havas : importante agence française d'information et de publicité.

P. 78.
la grève de Hong-Kong : en 1925.

P. 79
cour des Miracles : quartier de Paris qui était, au Moyen-Âge, le repaire des mendiants.

P. 80
cormorans : oiseaux au long cou ployé.

P. 81
police spéciale : police politique.
mauseristes : policiers armés de fusils allemands Mauser.

P. 84
boulés : qui roulent en boule (terme de chasse).
fous : fais (populaire).

P. 87
Whampoo : école militaire près de Canton.

P. 88
embusqué : à l'abri du danger.

P. 89
chimère : ici, statue d'animal fabuleux.

P. 90
cuiller : levier qui en se relevant provoque l'explosion de la grenade.

P. 91
dégoupillée : dont on a enlevé la *goupille*, agrafe qui maintient la cuiller.

P. 92
pas gymnastique : pas de course cadencé (terme militaire).

P. 94
période rose : datant de la jeunesse de Picasso.
Kwannyn ou **Kwannon** : divinité bouddhique.

P. 95
truc : moyen adroit (familier).

P. 96
ghildes : associations professionnelles.

P. 97
les bleus : cf. note p. 43.

P. 102
lavis : dessin colorié avec de l'encre de Chine ou de la peinture à l'eau.
Kama : (cf. p. 159) peintre, beau-frère de Gisors.
mont-de-piété : établissement qui prête de l'argent contre le dépôt d'objets.

P. 105
défilés : abrités et cachés (terme militaire).

P. 106
sabotés : volontairement détériorés.

P. 108
socques : sorte de sabots.

P. 109
Tchéka : police politique du gouvernement bolchevik (s'est ensuite appelée Guépéou).

P. 110
zigouillés : tués (argot).

P. 115
sampans : sorte de barques.

P. 117
Borodine : délégué de l'Internationale communiste (personnage historique, qui a un rôle essentiel dans *Les Conquérants*).

P. 118
l'« armée de fer » : les troupes d'élite.

P. 119
Bolcheviks : nom donné aux révolutionnaires communistes russes en 1917, en raison de leur intransigeance (du russe *bolche* : plus).

P. 120
Feng-Yu-Shiang : général du Kuomintang, allié aux communistes.

P. 121
jacquerie : nom que l'on donnait au soulèvement des paysans (Jacques) contre les nobles en France au Moyen-Âge.

P. 123
Youdenitch : général des armées blanches pendant la guerre civile russe.

P. 125
sovkhozes : fermes d'État.

P. 127
paillote : hutte de paille.
Komintern : internationale communiste : *Kom*(munische) *Intern*(ationale).

P. 131
trente-six bêtes : jeu chinois.
La Chaux-de-Fonds : ville de Suisse.

P. 132
type : individu (familier).

P. 133
comme des coqs en pâte : c'est-à-dire abondamment.
comme que comme : quoi qu'il arrive (expression dialectale suisse).

P. 134
Chang-cha : ville au sud de Han-Kéou.

P. 137
chose : l'emploi de ce mot, qui n'a pas un sens précis, est un tic de langage de Clappique.

P. 138
argents : l'emploi inhabituel du pluriel donne à la phrase un ton affecté.
barboter : voler (familier).
balles : francs (argotique).
coco : cocaïne (argotique).

P. 143
beaucoup de face : très bonne apparence.

P. 145
fibules : agrafes.

P. 147
geisha : au Japon, chanteuse et danseuse qui aide traditionnelle-
ment le maître de maison à recevoir ses hôtes.

P. 154
souliers bien-pensants : souliers qui donnent l'apparence d'un
bourgeois (Tchen s'est habillé correctement pour passer ina-
perçu).

P. 156
hara-kiri : suicide traditionnel au Japon.

P. 159
caquetusse : cactus (prononciation de Clappique).

P. 161
saké : boisson japonaise obtenue par la fermentation du riz.

P. 163
shamisen : instrument de musique japonais en forme de guitare.

P. 164
des sols : des sous, c'est-à-dire de l'argent (archaïsme).

P. 168
Comité central : il s'agit du comité local (cf. p. 22).

P. 173
cyanure : poison dont l'effet est foudroyant.

P. 180
krach : débâcle financière (allemand).
margoulins : spéculateurs sans envergure.

P. 183
masochiste : qui éprouve du plaisir à souffrir ou à être dominé
(opposé de *sadique*).

P. 184
babouches : pantoufles (mot d'origine persane).

P. 185
se foutait : se moquait (populaire).
hypnose : sommeil provoqué artificiellement. Ici : émotion
intense qui paralyse.

P. 188
Omphale : reine de la mythologie grecque, qui obligea Hercule
(Héraklès) à filer à ses pieds comme une femme.

Déjanire : épouse d'Hercule, dont elle causa la mort.

P. 191
on ne me la fait pas : on ne me trompe pas (populaire).

P. 202
chapeau melon : chapeau rond et bombé que portaient les bourgeois.
croupier : employé de la maison de jeu.
strates : terme géologique (couches) employé par métaphore : nappes, nuages.

P. 204
bande : à la roulette, désigne les cases au bord de la table, où les risques et les gains sont faibles.

P. 208
Schiedam : eau-de-vie hollandaise.

P. 209
milieu : ici, groupe social composé d'escrocs et de prostituées.
miché : étranger au « milieu » (argot).

P. 212
dictateur : le général nordiste chassé par Chang-Kaï-Shek.

P. 213
les thèses trotskystes : Trotsky défendait, contre l'opportunisme de Staline, la thèse de la « révolution permanente ». Kyo et ses camarades, en refusant la collaboration de classe avec le Kuomintang, suivent la ligne trotskyste.

P. 219
gargouille : gouttière en forme de tête d'animal ou de monstre.
type à fluxion : homme qui a une fluxion dentaire, donc la joue enflée (le ton de l'expression est vulgaire).
l'homme-qui-rit : cf. le titre du roman de V. Hugo.

P. 221
taoïstes : le taoïsme est la religion populaire traditionnelle des Chinois.
calife : souverain musulman (notamment à Bagdad à l'époque des Mille et une Nuits).
licorne : animal fabuleux avec une corne sur le front.
sultane : épouse du sultan (prince musulman).

P. 222
monomanie : idée fixe.

P. 223
Bécon-les-Bruyères : petite localité de la banlieue parisienne, où les maisons sont d'une architecture particulièrement banale.
ornements portugais : carreaux de faïence bleus (*azuléjos*).

P. 225
gaffer : commettre une maladresse (populaire).

P. 230
pointeur : celui qui vise et oriente le canon de la mitrailleuse. Le **servant** est celui qui l'alimente en bandes de balles.

P. 236
mandarin : fonctionnaire de l'État sous l'ancien empire chinois.

P. 244
tchékiste : cf. note p. 109.

P. 246
qu'ils croient : pour qu'ils croient (tournure familière).

P. 253
ordre mendiant : allusion à l'esprit de fraternité qui régnait dans les **ordres mendiants** de l'Église, notamment les Franciscains, qui ne vivaient que de la charité publique.

P. 256
saturée : remplie (terme emprunté à la chimie).
légendes dorées : allusion au recueil de vies de saints de Jacques de Voragine.

P. 265
fils, gendres : c'est-à-dire qui doivent leur situation à leur parenté avec un homme en place, non à leur mérite.
Régence : époque du gouvernement de Philippe d'Orléans en France (première moitié du XVIIIᵉ siècle).

P. 267
concern : même sens que **Consortium**.

P. 268
commandeur : de la Légion d'honneur.

P. 270
Francfort : le traité signé en 1871 obligeait la France à verser une indemnité de 5 milliards à l'Allemagne.
Borgia : Alexandre VI, pape de la Renaissance, connu par sa duplicité et la liberté de ses mœurs.

P. 272
Choiseul : ministre de Louis XV, habile diplomate.

P. 273
Chans dloute : sans doute (le caramel déforme la prononciation de l'orateur, qui semble avoir *l'accent auvergnat*).
conversion : changement de taux de l'intérêt.

P. 274
en peau de chagrin : (peau de chèvre ou de mouton) qui diminuent sans cesse (comme se rétrécit la *peau de chagrin* dans le roman de Balzac qui porte ce titre).

P 277
Kobé : ville japonaise sur la baie d'Osaka.

P. 279
Vladivostok : port de Sibérie.

Bibliographie

André Malraux et son œuvre

RENÉ-M. ALBERES : *L'aventure intellectuelle du XXe siècle.*
La Nouvelle Édition, 1950.
Ouvrage partiellement consacré à Malraux.
RACHEL BESPALOFF : *Cheminements et carrefours, Notes sur André Malraux,* Vrin, 1938.
Étude de la signification psychologique et morale de l'œuvre de Malraux.
CHARLES D. BLAND : *André Malraux, tragic humanist,* Ohio State University, 1963.
Thèse universitaire bien documentée.
PIERRE DE BOISDEFFRE : *André Malraux,* Classiques du XXe siècle, Éditions universitaires, 1960 (réédition 1967).
Court ouvrage d'introduction à l'œuvre de Malraux, étudiée dans une perspective chrétienne.
JEAN CARDUNER : *La création romanesque chez Malraux,* Nizet, 1968.
Étude critique érudite.
JEANNE DELHOMME : *Temps et Destin,* Gallimard, 1955.
Ouvrage philosophique assez difficile, qui étudie la pensée de Malraux dans une perspective existentialiste.
VERGILIO FERREIRA : *André Malraux, Interrogaçaô ao destino,* Lisbonne, 1963.
Ouvrage d'un écrivain portugais sur le « roman-problème » chez Malraux.

JANETT FLANNER : *Men and Monuments,* Harpers and Bros, New York, 1957.
Bonne biographie de Malraux.

WILLIAM M. FROHOCK : *Malraux and the tragic imagination,* Stanford University Press, 1952.
Étude de l'œuvre de Malraux en relation avec sa vie.

POL GAILLARD : *André Malraux,* Bordas connaissance, 1970.
Ouvrage scolaire, clair et riche d'information, contenant une analyse précise des œuvres. Bonne bibliographie.

POL GAILLARD : *Les critiques de notre temps et Malraux,* Garnier, 1970.
Intéressante anthologie de textes critiques consacrés à l'œuvre de Malraux de 1921 à 1970.
Bibliographie assez complète.

PIERRE GALANTE : *André Malraux,* avec le concours d'Yves Salgues, préface de Gaston Bonheur, Presse de la cité, 1970.
Biographie assez détaillée de Malraux, dans un style journalistique. Le sous-titre donne le ton de l'ouvrage : *Quel roman que sa vie!*

LUCIEN GOLDMANN : *Pour une sociologie du roman,* Gallimard, 1964.
Le titre du chapitre sur Malraux est : *Introduction à une étude structurale des romans de Malraux.* C'est une tentative originale pour expliquer le contenu et l'évolution de l'œuvre, selon une méthode qui s'inspire à la fois du « structuralisme génétique » et du marxisme de G. Lukacs.

JOSEPH HOFFMANN : *L'Humanisme de Malraux,* Klincksieck, 1963.
Essai pénétrant sur la signification humaine de l'œuvre de Malraux, par un prêtre catholique.

WALTER LANGLOIS : *L'Aventure indochinoise,* Mercure de France, 1967.
Document utile sur la jeunesse de Malraux et sur son action politique en Indochine jusqu'en 1927.

CLARA MALRAUX : *Le bruit de nos pas* (3 tomes), Grasset, 1963-1969.
Mémoires de la première femme de Malraux, modèle de May dans *La Condition humaine*.

CLAUDE MAURIAC : *Malraux ou le mal du héros,* Grasset, 1946.
Étude construite sur une antithèse : l'érotisme et l'héroïsme chez Malraux (Éros et Héros).

GAËTAN PICON : *Malraux par lui-même,* Collection « Écrivains de toujours », Le Seuil, 1953.
Brève étude devenue classique, pénétrante et cependant de lecture assez facile, qui comporte en marge d'intéressantes annotations de Malraux lui-même.

GEORGES POMPIDOU : *Pages choisies d'André Malraux,* Classiques illustrés Vaubourdolle, Hachette, 1955.
Ce mince volume, destiné aux élèves des lycées, contient une introduction très claire, suivie de quelques extraits des romans.

ROGER STÉPHANE : *Portrait de l'aventurier,* préface de Jean-Paul Sartre, Sagittaire, 1950, réédition Grasset, 1951.
Dans sa préface, Sartre oppose, à propos de Malraux, *l'aventurier* au *militant*.

ALBERT BÉGUIN, CLAUDE-EDMONDE MAGNY, EMMANUEL MOUNIER, GAËTAN PICON, ANDRÉ ROUSSEAUX, etc. :
Interrogation à Malraux, numéro spécial de la revue *Esprit*, octobre 1948.
Hommage collectif à Malraux, qui contient quelques études pénétrantes.

La Condition humaine

ANDRÉ BOUTET DE MONVEL : *La Condition humaine de Malraux,* Classiques Larousse, 1955.
Brève, mais claire et intéressante présentation du roman, suivie de scènes choisies.
HENRI DUMAZEAU : *La Condition humaine de Malraux,* Collection *Profil d'une œuvre*, Hatier, 1970.
En moins de cent pages, une présentation très précise et complète du roman : circonstances, thèmes, personnages...
BERT LEEFMANS : *Malraux and tragedy — the structure of La Condition humaine,* dans Romanie Review, 1953.
THIERRY MAULNIER : adaptation théâtrale de *La Condition humaine*, L'Avant-scène, 1955.
ÉTIENNE BORNE, R. P. DANIELOU, GABRIEL MARCEL, THIERRY MAULNIER : Discussion du Centre Catholique des intellectuels français sur l'adaptation théâtrale de *La Condition humaine* dans *Recherches et Débats,* Fayard, 1955.

André Malraux et son œuvre

ROMANS :
Les Conquérants, Grasset / *La Voie royale,* Grasset.
La Condition humaine, Gallimard, 1933.
L'Espoir, Gallimard, 1937.

ESSAIS :
La Tentation de l'Occident, Grasset.
Les Voix du Silence, Gallimard, 1951.
Saturne, Gallimard, 1950.
Métamorphose des Dieux, 1, Gallimard, 1957.
Antimémoires, I, Gallimard, 1967.

SCÈNES CHOISIES :

Oraisons funèbres, Gallimard, 1971.
Le Musée imaginaire de la sculpture mondiale, Gallimard,
I (1953), II (1954), III (1955).
Les chênes qu'on abat, Gallimard, 1971.

NOUVELLES :

Le temps du mépris, Gallimard, 1935.

Table

La photographie de la couverture est de Harlingue-Viollet.

Imprimé en France par Hemmerlé, Petit et Cie à Paris. 1197-09-1981
Dépôt légal 3686-9-1981. Collection n° 07. Édition n° 04

Ⓗ   15/4086/3